人生が変わる！

住んで
イイ家
ヤバい家

へ

大島てる 監修

日本文芸社

はじめに

「鏡が曇っていたら、真実が見えないでしょう」

母はいつも、片づけが嫌いな私をそう諭していました。

「鏡なんて曇っていないけど」と反論すると、「そういうことじゃないの」と、よく叱られていました。学生時代の私は、この言葉の真意に気づけませんでしたが、今思えば、それはすべてのことに通じる言葉でした。

つまり、「鏡」を常にキレイに磨くことで、見えていなかったことが見えてくるという比喩です。「鏡」を「魂、心身、住まい」に置き換えてみてください。

ブレていたら物事の本質を見極めることができない
心身が整っていないと勉強に集中できない
部屋が汚ければ必要なものをすぐに見つけることができない

鏡は「魂を磨く」、「五感を高める」、「環境を整える」というところにつながってくるような気がしませんか？

母の言葉の真意に気づいて、自分なりに「鏡を磨くこと」を実践しはじめたところ、徐々に無駄がなくなり、運がひらけていきました。持ち物や身なりをキレイにすると気分も上がっていい出会いが訪れました。部屋をキレイにしておくと、疲れて帰宅してもやる気が湧いてくるようになりました。

どこに住むか、誰と過ごすか、何を身に着けるか。
心地よいか、楽しいか、ストレスフリーか。

「自分と空間との関係」についての興味は深まり、四苦八苦しながら実験を繰り返しました。さらに、古代中国発祥の「風水」、日本独自の「家相《かそう》」という住まいの環境学を学び、これはまさに「環境心理学でもある！」ということに気づいたのです。

環境心理学とは、人間を取り巻く環境と人間の意識や行動の相互作用を取り扱うもの。「住まいが変われば人は変わる」ということを証明する学問です。

本書を手にした皆様は、物件探し、家探しで悩んでいるという方、今後の引っ越しの参考にしたいという方が多いのではないでしょうか。中には「興味はあるけれど、風水は難しそうだし、信じていいのかしら？」と、思っている方もいらっしゃるかもしれません。

もちろん、風水が絶対に正しいということはありません。時代が変われば環境や感覚も変わります。目まぐるしく変化する時代だからこそ、状況に合わせてイノベーションしていくべきです。

時代を経ても変わらない「基本」を押さえながら、アレンジしていくことで新しい時代に合わせた住まいづくりを提案したいと考えたのが本書です。

2020年は、世界中で大変革の年となりました。リモートワークが取り入れられ、自宅で仕事をする時間が増えました。その影響か、都会を離れたいという引っ越しの相談、風水建築や住まいの鑑定依頼が例年の5倍以上に！　皆様の意識の中に「住まいの改善」が高まってきている証《あかし》でしょう。

今は、新しい生き方や働き方について考え、行動するチャンスです。

人生を豊かにする「よりよい住まいづくり」をしませんか？　古代中国発祥の「風水」、日本で独自に作られた「家相」、そして〝快〟か〝不快〟かの「心理」の三本柱をベースに、開運住まい探しを一緒に楽しみましょう。

愛新覚羅ゆうはん

もくじ

いい風〜

吉
吉

3章 リセット&スタート 運命を変える！引っ越し術

NO!

どこに住むか、どんな家に住むかは、
はるか昔から変わらない、
人生を左右する大きなテーマ。
そこで生まれたのが、
住まい選びの道しるべ、風水です。
風水は、人と自然環境をテーマに、
先人たちの知恵や経験が
積み重ねられた壮大な学問！
生まれた背景や考え方を知れば、
開運住まい探しに役立つ理由が、
よくわかります。

1章

人生は住む家に左右される！

開運住まいの秘密

住まいは生活の器
家選びは「生・死・病」に関わる!

私たちにとって住まいは充電空間であり、自分そのものを表す世界でもあります。さらに言えば「外＝社会」だとすると「内＝住まい」というふうに、**内側がどれだけ充実しているかで、外側への関わりや発信にも影響が及びます。**

友達のお宅に遊びに行くと、生活スタイル、趣味嗜好、センス、人間性まで見えてくるような気がしますよね。「住まい＝自分」としたとき、あなたはどんなライフスタイルをイメージしますか?

「仕事から疲れて帰ってきたらくつろげる空間にしたい」
「家族で憩える家づくりをしたい」
「自然の素材に囲まれて癒されたい」

「お友達が集まるにぎやかな家にしたい」
「お稽古もできるサロンにしたい」
「自宅に仕事場を設けて仕事にも励みたい」

住まいには、色々な希望や想いが詰まっていることでしょう。

便利で過ごしやすい状態を作っていくのも住まいの基本です。環境心理学では、「不便な家」「物が多くてスムーズに動線が確保できない状態」は、その人の「心身の表れ」とされます。

心当たりがある人は、ストレスを抱えていないか、健康に問題はないか、自分自身を見つめ直し、メンテナンスをしてみましょう。

もし、住まい選びを間違えてしまったら、あなた自身に影響が及びます。
「引っ越しをしてから仕事がうまくいかない」

「身内が亡くなるなど、不幸が続いた」

「体調を崩した」

こんな話を耳にしたことはないでしょうか？

住まいを変える＝リセットするということです。不用な物を捨て、新しい物を手に入れるように、破壊と再生の循環なのです。

この作業は命がけといっても過言ではありません。引っ越しの準備、荷物の整理整頓…心身が消耗しますよね。

今の時代なら、引っ越し業者に頼んで車で荷物を運ぶことができますが、昔は相当な覚悟が必要だったわけです。

もちろん、賃貸であれば、何かあったらすぐに引っ越すこともできますが、購入した場合は簡単ではありません。ローンを組めば、それは負債を抱えるということ。レベルの差はあっても、大きな負担となるでしょう。

もし、家や土地の選び方を間違えてしまったり、運気の悪いタイミングに引っ越しをしてしまうと、心身のバランスを崩してしまうかもしれません…。まさに、生・死・病に関わるということです。

でも大丈夫！　**土地や家の大切さを理解していれば、対策することは可能です。そう、風水が担っているのは対策です！**　風水だけでなく、日本独自の家相、暦などを活用して、よりよい住まいを見つけて充実させていきましょう。

風水とは環境学！　地形から住居に適した「気」を読み取ることが重要

風水と聞くと「迷信じゃないの？」と思う人もいるかもしれません。でも、その由来や歴史を知れば、先人たちの知恵や経験が詰まった、立派な学問だということがわかっていただけると思います。

風水の発祥は古代中国。お墓のつくり方を示す「陰宅《いんたく》風水」が始まりです。仏教伝来前の中国では、少数民族それぞれに信仰があり、祖霊崇拝《それいすうはい》の思想が主流でした。

「先祖供養をきちんとすれば末代まで永続的に繁栄する」という思想から、お墓づくりはとても重要だったのです。

そこから、目に見える地形や地勢を重要とする「巒頭《らんとう》＝地理風水」が生まれ、大規模な国や都づくりに活用されます。その後、方位盤などを用いて、建物や道路などの方位から、目には見えない「気」の流れを読み、住まいに活かしていく「理気《りき》＝陽宅《ようたく》風水」が生まれます。

風水思想は唐の時代に最も栄え、儒教経典のひとつである「易経《えききょう》」における八《はっ》卦《け》（自然現象を8つの基本図像で表したもの）や、陰陽五行思想（宇宙は陰陽と木火土金《ごん》水の5つの元素で成り立つという考え方）とも習合していきます。これをもとにして、日本では独自の「家相《かそう》・気学《きがく》」という思想が出来上がっていきます（22ページ参照）。

日本における都づくりでも、風水思想が用いられています。その代表が平城京、平安京です。ほかにも、沖縄の亀甲墓《かめこうばか》、古い時代に建てられた神社仏閣、弘法大師・空海が創建した和歌山県の高野山も、風水思想にならってよく作られていると感じます。

また、一大ブームを巻き起こしたパワースポットやゼロ磁場なども、**地形から発される「気」によって人々が導かれている**場所ともいえるでしょう。

風水師はこうした「気」を読むのが仕事です。**よい気が満ちている理想の場所**

は、山の地勢がよく、海・川・湖などの水脈があります。山の幸・海の幸といった自然の恵みが多い場所は、人が暮らしていくのに適しているため、自ずと人が集まり、繁栄するのです。

奈良の平城京、京都の平安京はそのよいモデル。逆に、水が涸れ、土地が痩せて作物が育たず、海の幸も獲れないという場所は、人が住むのに適していません。私たちは、常に住みよい環境を求めているのです。

つまり、風水は環境学！　自然と社会がどのようにバランスよく共存していくかが重要です。環境学は、地質・地理学、民俗学、さらに言えば宗教思想ともつながっていき、そこには経済も生まれます。人間生活と環境は切っても切れない相互関係なのです。

風水の歴史は、少し難しいと感じられるかもしれませんが、何より大切なのは「住んでいる人の生活が充実すること」というのが、ゆうはん流の風水思想です。

風水は自然が織り成すアート！風と水がイキイキと巡る土地は美しい

風水の二文字は「風と水」ですが、風＝気、水や山などの自然物＝龍となぞらえ、古代中国では、さまざまな側面から「気」の読み取りにチャレンジしてきました。そのため、地理風水では、元気《げんき》、合気《あいき》、化気《かき》など、気の性質を表す言葉がたくさんあるのですが、私は、これらを人体に見立てることがあります。

身体に張り巡らされている静脈・動脈は、どちらも東洋医学思想では「気・血・水」の通り道とされ、滞ったり、バランスが崩れたりすると病気になるとされています（詳しくは拙著『腸開運』飛鳥新社）。

これを風水に当てはめると、「脈」は龍脈《りゅうみゃく》。水や山などの自然物＝龍ですから、龍脈＝水脈・地脈となります。地中を流れる水脈・地脈には人体の静脈や動脈と同様に気が流れているので、もし、水はけが悪く、泥水が溜まって腐敗臭が漂っていれば、気の流れが停滞した病気の状態…。ここは住まないほうがよい土地、というわけです。

淀みなく水が巡り、動植物が生き生きとしている土地は美しいものです。風水の原点にあるのは、自然が織り成すアート！　風水師は、そのアートから「龍・気・風・水」を読み取り、都づくりや暮らしに役立てるのが仕事なのです。

龍は自然物を表す！

日本の家屋、文化、歴史に合わせて発展した「家相・気学」

日本に仏教とともに古代中国風水が伝来し、唐の長安をモデルに、天武天皇・持統天皇は「藤原京」をつくり、時を経て平城京、平安京が生まれます。この頃に活躍していたのが、日本における風水師、皆さんよくご存じの陰陽師《おんみょうじ》です。

陰陽師といえば、映画やアニメで結界を張るシーンが印象に残っている人も多いのではないでしょうか。結界を張るというのは「禍《わざわい》」が起きないように行う「祭祀《さいし》」の一種です。今でも、神社や寺院などでは、神聖な場所を区別し、守るために鳥居や柵を設けて結界が張られているので、イメージしやすいでしょう。

陰陽師が都づくりに活躍した時代が長く続いた後に、日本独自の「家相」が生まれました。これが進化して民間へと体系化されたのはおよそ150年ぐらい前、江戸時代末期から明治時代初期のことです。

「家相」は、都づくりに用いられた中国伝来の「風水」とは異なり、畳を使った日本家屋に合わせて発展し、一般の人々が家を建てる上での判断材料として重宝されてきました。**日本独自の家屋、文化、歴史、暮らし、さらに時代に合わせて変化を遂げたのが「家相」というわけです。**

「家相・気学」では、家の鑑定には「二十四山《にじゅうしざん》方位盤」という独自の方位盤を使います。東西南北を示す四方位をさらに八方位に分け、それぞれに一白水星《いっぱくすいせい》、二《じ》黒土星《こくどせい》、三碧木星《さんぺきもくせい》…といった「九星」を配置。そこに強く結び付く「十二支《じゅうにし》方位」と、甲《きのえ》や乙《きのと》、丙《ひのえ》などの「十干《じっかん》方位」を入れたものです。

専門家が使う二十四山方位盤は、一番外側に24個の方位が配置されていますが、普段、皆様が手軽に自分の家の方位を図りたいときは、八方位を見る「家相盤」がおすすめです（25ページ参照）。それ以上の細かい方位盤は、流派や風水思想の違いによって読み取り方が異なるなど、とても複雑。読み取り間違いをする可能性が高いので、専門家に見てもらいましょう。

ちなみに、今日本で出版されている、風水と気学をかけ合わせた専門書のほとんどは、九星術をベースにした気学の創始者、園田真次郎先生が家元です。こちらも、日本独自の変化を遂げた学問の一種です。

なかには、日本で発展した家相・気学は、風水ではないという意見もあるようですが、私はそうは思いません。その土地、暮らし、文化に合うように発展を遂げたもの、かつ実際に影響があるものこそ、真に役立つものではないでしょうか。

初心者におすすめの家相盤

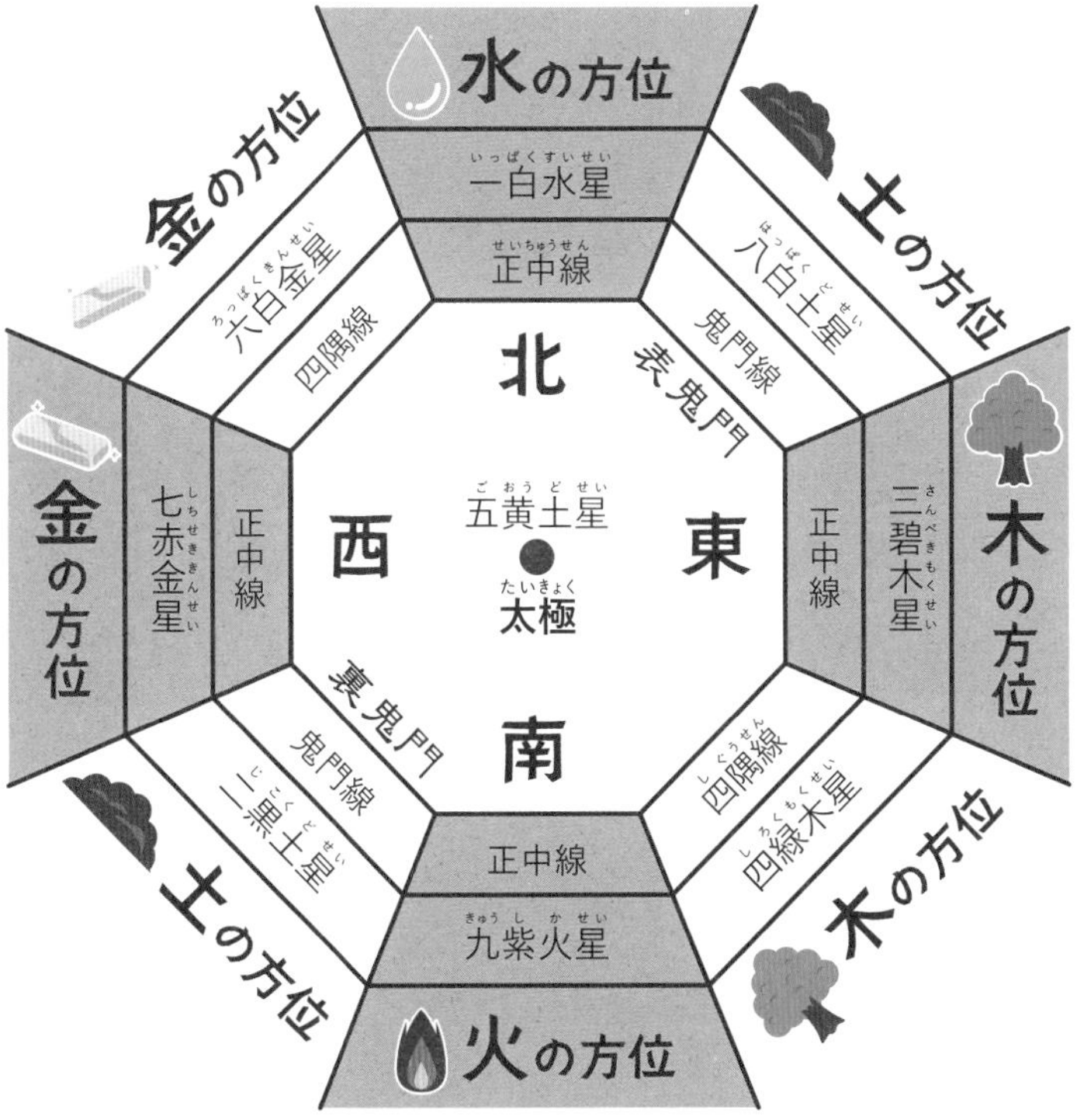

家相盤の使い方

家の中心「太極」を定め（70ページ参照）、そこに八方位盤の太極を合わせて置きます。方位磁石やスマホアプリで北を調べ（間取り図の北に合わせてもOK）、方位盤の北のラインを合わせれば、家の八方位とその方位がつかさどる運気がわかります。

悪い部分を相殺し、よい方向に導く「化殺風水」を取り入れよう！

陽宅風水（理気）の観点で私が重要視しているのは、「化殺《かさつ》風水」です。化殺風水とは、簡単に言うと「悪い部分への対策」です。

殺気（悪い部分）がある土地や建物の形を「形殺《けいさつ》」と言い、形殺に対して「陰陽五行それぞれの性質を組み合わせて、パワーを弱めたり強めたりして凶意を減らす」のが化殺風水の方法。つまり、悪い部分を「相殺」して、よい方向へ導くのです。

化殺風水アイテムとして、八卦鏡《はっけきょう》、アメジストドーム、水晶、めのうなどの天然石、ヒキュウ、龍、龍亀《ロングイ》などの神獣、炭や香などがよく使われますが、多用しすぎると居心地の悪いヤバい家に！　まずは、とらわれすぎず、自分が心地よい

と感じるアイテムを取り入れることから始めてみるといいでしょう。

　私の経験上、化殺風水で対策ができる家や土地もあればできないものもあります。住人に災厄が多発する場合は、引っ越しをするという決断をしていただく場合もあります。

　しかし、実際に住んでいても影響を受けにくい方もいらっしゃいます。これは風水だけでなく、暦《れき》やト《うらない》などから見立てていく個々の運気や本質も影響しているのでしょう。よい意味で「悪運に強い人」がいるのも確かなのです！

COLUMN 1

宇宙万物を構成する「天・地・人」はバランスが大事！

天・地・人は、宇宙万物を構成する三本柱です。

天＝天文学、天神、宇宙、空など
地＝風水学、地理・地質学、海など
人＝魂、肉体、気血水、ルーツなど

この3つが合わさった中心にできる「中庸《ちゅうよう》」は、究極のバランスです。

天は「暦《こよみ》」という分野で大きな発展を遂げました。天の前兆を読み取ることで、いつ稲を植えればいいのかなどが予測できるようになりました。

地は、地球を構成する大きな部分で、人とは密なる関係です。この「地」か

ら誕生したのが風水学。つまり、住む土地に対する「対策」です。
人は、天と地に加わって共鳴共存を繰り返しています。これが私たちが住む世界なのです。

天と地という自然界では、太陽が昇り、夜になると月と星が見えるというような、絶対的なサイクルが大切です。このバランスを調整するために地殻変動や火山噴火、さらに温暖化をはじめとする環境問題、人口増加や減少などが起こるとされています。このようなバランス調整は、幾度も起きています。そう考えると、天、地、人がバランスよく重なった今の暮らしは奇跡のようですね！

風水は、歴史の中で変化を遂げながらも守られてきた、文化遺産のようなもの。風水師の仕事は、受け継がれてきた知恵と新しい考えを習合させ、時代に合う住まいづくりを導くこと。家づくりを考えるときに、思い出してもらえると嬉しいです。

2章

風水・家相でわかる！

住んでイイ家、ヤバい家

風水や家相に裏付けされた
イイ土地、イイ家には、
いい運気がやってきます。
住まいに何を求めるかをよく考えて、
イイところを3つぐらい押さえれば、
ヤバいところが少しぐらい
あっても大丈夫！
自分が心地よく暮らせる土地、
家をイメージしながら
新たな住まいを探してみましょう。

気持ちいい〜

Good morning!!

イイ土地CHECK!

- □ 北に山、東に川、南に池または海、西に道がある
- □ 家の前が開けている
- □ 町に活気がある
- □ 風通しがよい
- □ 水はけがよい
- □ 地盤が固い
- □ 地中に地下鉄や水路などがない
- □ 平坦で四角形
- □ 平地で見晴らしがよい

チェックが多ければ多いほどGOOD!

イイ土地

神獣が守る「四神相応」の土地が理想的

地理風水の中に「四神相応《しじんそうおう》」という地勢を活かした思想があります。東西南北の四方位にはそれぞれ神獣がおり、その方角を守り、つかさどっているというものです。

気に入った物件があったら、イラストを参考に、**四神相応の土地（北に山、東に川、南に池または海、西に道）に建っているかどうかをチェック**してみましょう。すべてが当てはまらなくてもOKですが、ほとんどが当てはまらない場合は避けるべきです。

イイ土地

「四神相応」で周囲が広々！

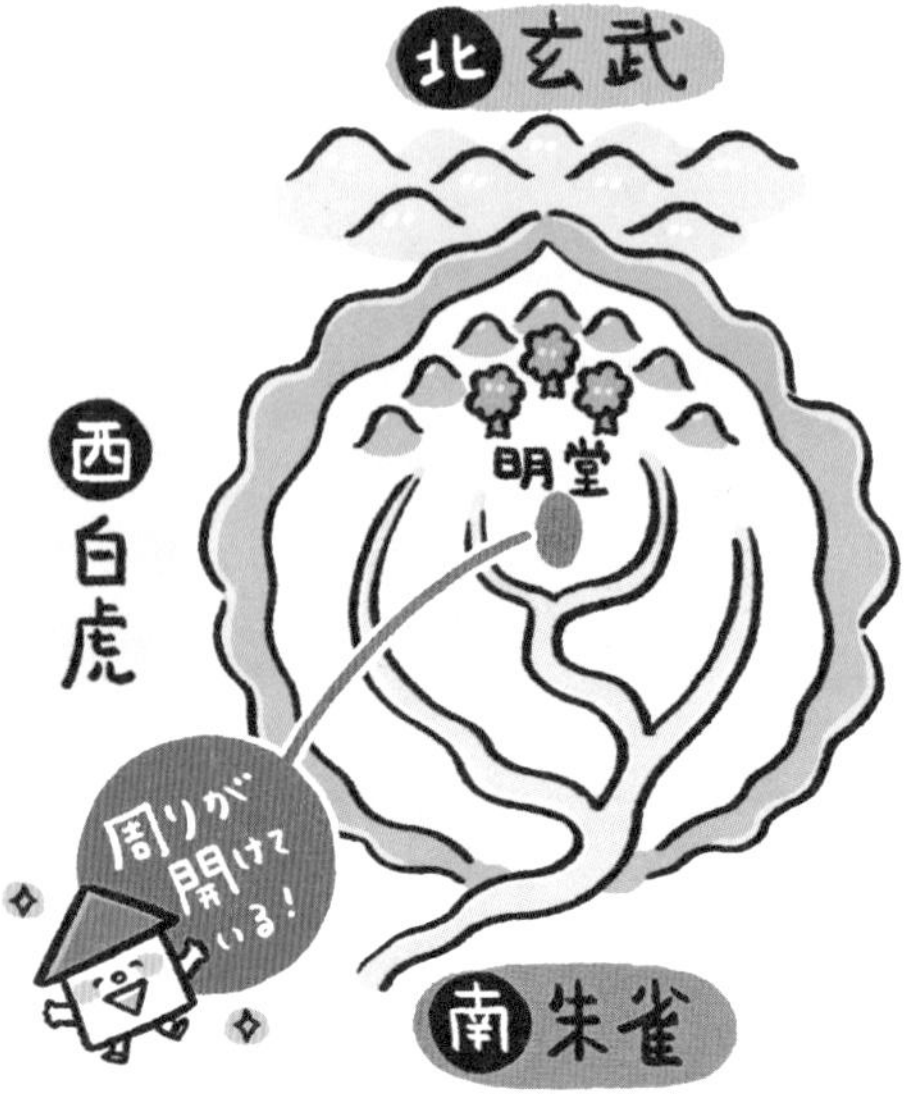

33ページで解説した、四神相応の土地の中心には、明堂《めいどう》という、最も気が溜まる場所があります。最もよいのは女性器の形をしている地勢と言われ、明堂を抱えるように山や丘陵があり、気が循環するための出口も確保されています。

この明堂＝家というイメージで周囲を見てみましょう。家と周囲の建物にある程度の距離が保たれているか、玄関は広めか、すぐ前に障害物がないかを見るだけでもOKです。

イイ土地

栄える土地で繁栄パワーを授かろう！

城下町、駅から近い繁華街、市場の近くで発展した商店街、観光名所や歴史的遺産がある町など、昔から市民に愛され続けている場所は、よい環境条件がそろい、動線が整えられていることが多いといえます。

つまり、**栄えている場所の近くは、住環境としても優秀なのです。** その中でも、自分に合う、栄えている場所を選ぶのが一番！ 特に、経営者や起業した方、サービス業や営業職の方は、繁栄パワーをあやかれるでしょう。

イイ土地

風通しがよい土地は気の巡りがよい

「風水」は、その字のごとく「風通しがよく水はけがよい土地」です。風が通るということは、気の通り道が確保できていること。隣家との距離、道幅がある程度確保されている場所は、風が通り、気が巡るので、心地よく暮らせます。

風通しは建物内の問題だと思われがちですが、土地においても重要。もし、購入後に風通しの悪さに気づいても、簡単に解決できませんので現地に行ったら風も意識してみましょう。

イイ土地

水はけがよい土地は陰気が溜まらない

風通しと同様に、水の通りがよいことも大切です。流れる水は澄んでいても、淀んだ状態が続くと濁って汚れが沈殿するように、ネガティブな陰気もどんどん溜まっていきます。

水はけがよい土地を探すには、その土地の図書館や役場などで古地図を見るのがおすすめ。昔から住んでいる人に話を聞くのもいいでしょう。かつて池、井戸、沼、田んぼだったところは水はけが悪い場所なので、避けるのがベターです。

イイ土地

強い地盤はイイ土地の基本！

安心して暮らしていくためには、災害に強い土地を選ぶことも大切。ハザードマップで警戒区域をチェックしましょう。

私も鑑定の際には、約千年前まではさかのぼり、その土地が海や川などの底ではなかったのかを確認します。昔は今より海抜が5〜7メートルほど高かったので、**フロードマップや地理院地図で複合的に地勢や環境を見るのがおすすめ。**ネット検索もできるので、ぜひ活用してください。

イイ土地

地中には何もないのが安心安全

地盤が丈夫な土地を選ぶためには、家の下に地下鉄や大きな水路、トンネルなどがないことも大切。近年、突然道路に大きな穴が空いたり、陥没するという事故が多発しています。

もし、その上に家があったら…と思うと恐怖ですよね。事前に地図で地下鉄などの有無を確認し、詳細は不動産業者に問い合わせましょう。

都市開発で、後に地下鉄や地下道路などの建設予定があることがわかったら、引っ越しや売買の検討を。

イイ土地

普通こそ快適！ 平坦で四角形の土地

万人におすすめできるのが、平坦で四角形の土地です。土地はつながり、影響を受け合っているので、周囲10軒先ぐらいまでが平坦であることが大切な基準です。

正方形でなくてもOKですが、角が多く複雑な形の土地は避けるべき。マンションを選ぶときもこれらを基準にしましょう。

建売住宅や中古物件を検討する場合も、建物の形だけでなく、周囲の地勢もチェックすると安心です。

イイ土地

平地で見晴らしがよい土地は安心感◎

見晴らしがよい土地は風通しもよく◎。とはいえ、山の斜面などではなく、あくまで平坦な場所を選びましょう。

郊外で隣家との距離が保てている土地は理想的ですが、都心や繁華街の近くであれば、地面から離れすぎない程度の、見晴らしがよい階にある物件を選ぶのもいいでしょう。

どうしても叶わない場合は、1か所でも見晴らしがよい部屋を確保できればOK。建物が込み入っていないマンションの角部屋が狙い目です。

ヤバい土地 CHECK!

- □ 高速道路やバイパスの横
- □ かつて墓地や慰霊碑があった…
- □ 地下に水脈、断層が重なっている
- □ 三角形の土地
- □ 人工的に埋め立てた土地
- □ 道路や川のカーブの外側
- □ 警察署、消防署、病院、神社仏閣の近く
- □ 鋭角な建造物が近くにある
- □ 家より大きな木や電柱などがある
- □ 近くにゴミや臭いが溜まる場所がある
- □ 旗竿地《はたざおち》や袋小路の奥

チェックが多ければ多いほどNG!

ヤバい土地

交通量が多い道の近くは殺気だらけ！

目の前に車通りの多い道がある場所は「幹線道路殺」と言われ、殺気が出ています。特にNGなのは、道路のカーブの外側にある土地で、最上級の殺気が！（48ページも参照）

どうしてもその物件に住まないといけない場合は、その道を見下ろす高さに住むのがベター。化殺対策として、その道がある方角に、凸型の八卦鏡や六角柱の水晶ポイントを置いてみてください。ガーデニングをしたり、観葉植物を置くのもおすすめです。

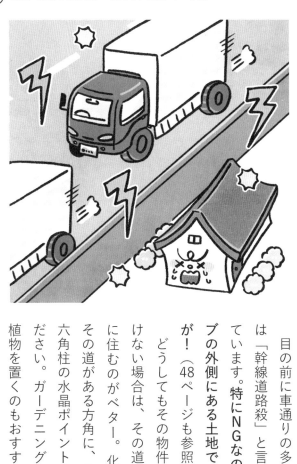

ヤバい土地

墓地や慰霊碑跡の土地は極力避けて！

墓地があった場所、人や動物の慰霊碑があった場所にマンションや住宅街がつくられていることもあります。このような土地は**「忌《い》み地」「気《け》枯《が》れ地」と呼ばれ、穢《けが》れが染みついた土地とされています。**

忌み地であるかを辿るのは、難しいケースもありますが、気になる方、共感力が高いエンパス体質の方、霊媒体質の方は要注意！　健康を害することもあるので、時間をかけてでも調べたほうがいいでしょう。

ヤバい土地

地下に水脈、断層が重なる場所は危険!

地下の水脈や断層など、地球のパワーの影響を受けることを「ジオパシックストレス」と言い、そこに住むと、原因不明の疲れや体調不良を起こすことがあります。

断層は、産業技術総合研究所の「活断層データベース」で検索できます。**地中で水脈や断層が交差しているような土地は要注意!**　また、活断層から電磁波が発生することもあるので、電磁波測定器で測ったり、周囲の活断層の状況もチェックしてみてください。

ヤバい土地

三角形の土地は災難が起こりやすい…

どんな事情があっても三角形の土地に家は建てないでください！　三角形は住むに値しない土地。陽宅風水・化殺風水では「尖鋭角地《せんえいかくち》」とされ、事故・事件・火災といった災難や争いごとが起きやすいとされています。

どうしても、その土地に住まないといけない場合は、角に花などの植物を植えて、鋭角から発せられるパワーを和らげるしかありません。また、獅子などの強い神獣の置物を玄関や門に置くなどの対策も必須です。

ヤバい土地

埋め立てた土地は住宅には適さない

埋立地は、地理風水の「自然の形を活かした」という理念から大きく外れています。**水底に石を積み、土を盛って人工的に作った土地は、人が住むには適していません。地盤沈下や液状化などの可能性もあります。**

「埋立地でも、タワーマンションなら見晴らしがよくていいのでは？」と、思われるかもしれませんが、風水思想では、人は出来るだけ地から離れすぎないほうがいいとされるので、定住はおすすめできません。

ヤバい土地

道路や川のカーブの外側は凶相！

道路や川のカーブの外側にある土地を「反弓殺《はんきゅうさつ》」と言い、カーブ内側よりもカーブ外側のほうが凶相です。

川の氾濫が起こりやすいのはカーブの外側、急カーブで事故が起こりやすいのもカーブの外側ですよね。つまり、カーブの外側は、物理的にも禍が多い土地なのです。

逆にカーブの内側は吉相になるので、まさに陰陽が隣り合わせ。まず避けるべきは、「カーブの外側の土地」と覚えておきましょう。

ヤバい土地

警察署、消防署、病院、神社仏閣の近く

問題を抱える人が集まったり、死を扱う施設には、悩みや欲望、悲しみなどネガティブな気が集まりがちです。警察署、消防署、病院、墓地はその代表。縁起がよさそうな神社仏閣も、聖域とされているため、住居と近すぎるのはよくありません。

こうした施設が目の前にある土地は極力避け、どうしても住まなくてはいけない場合は、家の玄関と施設の出入り口が向かい合わないよう、建物に工夫をしてください。

ヤバい土地

殺気を放つ鋭角な建造物が近くにある

家の近くに鋭角な角を向けて建っている建物や、三角形のモニュメントなど、**鋭角な建造物があったら要注意！これらは「尖角對冲《せんかくたいちゅう》」や「隔角殺《かくかくさつ》」や「火形殺《かけいさつ》」といわれ、殺気を発しているため、近くにあると殺気が呼び込まれてしまいます。**

避けられない場合は、塀を建てて殺気を遮断する、鋭角な建物やモニュメントに向かって八卦鏡を置くなどしましょう。ちなみに、三角屋根の家は気にしなくてOKです。

ヤバい土地

大きな木や電柱はよい気を遮断！

目の前に大きな電柱や電波塔、突出して家より大きな樹木があったり、家を囲むように木が植えられた土地は「突出物殺《とっしゅつぶつさつ》」や「不透気運《ふとうきうん》」と呼ばれ、よい気を遮断してしまいます。木を植える場合は大きくなりすぎないものを選び、こまめに手入れをして樹木のパワーに負けないようにしましょう。

　もともと植えられていた木を切る場合は、井戸を埋めるときと同じように、専門家に依頼して正しく処理をしてもらってください。

ヤバい土地

ゴミや臭いが溜まる場所は陰気も溜まる

川や水路は季節によって変化します。まずは、**近くの川や水場の状況をチェックし、異臭がしないかを確認しましょう。**一年を通して確認するのは難しいかもしれないので、近隣の人に話を聞いてみてもいいでしょう。

臭いは、繁華街や商店街、飲食店、さらに廃墟やゴミ屋敷がある場合も要注意です。**立ち退きや閉店した店が多い土地も、陰気が溜まりがち。**寂しい雰囲気がする町も生気がないため、避けたほうが無難です。

ヤバい土地

旗竿地や袋小路の奥は巡りが悪い…

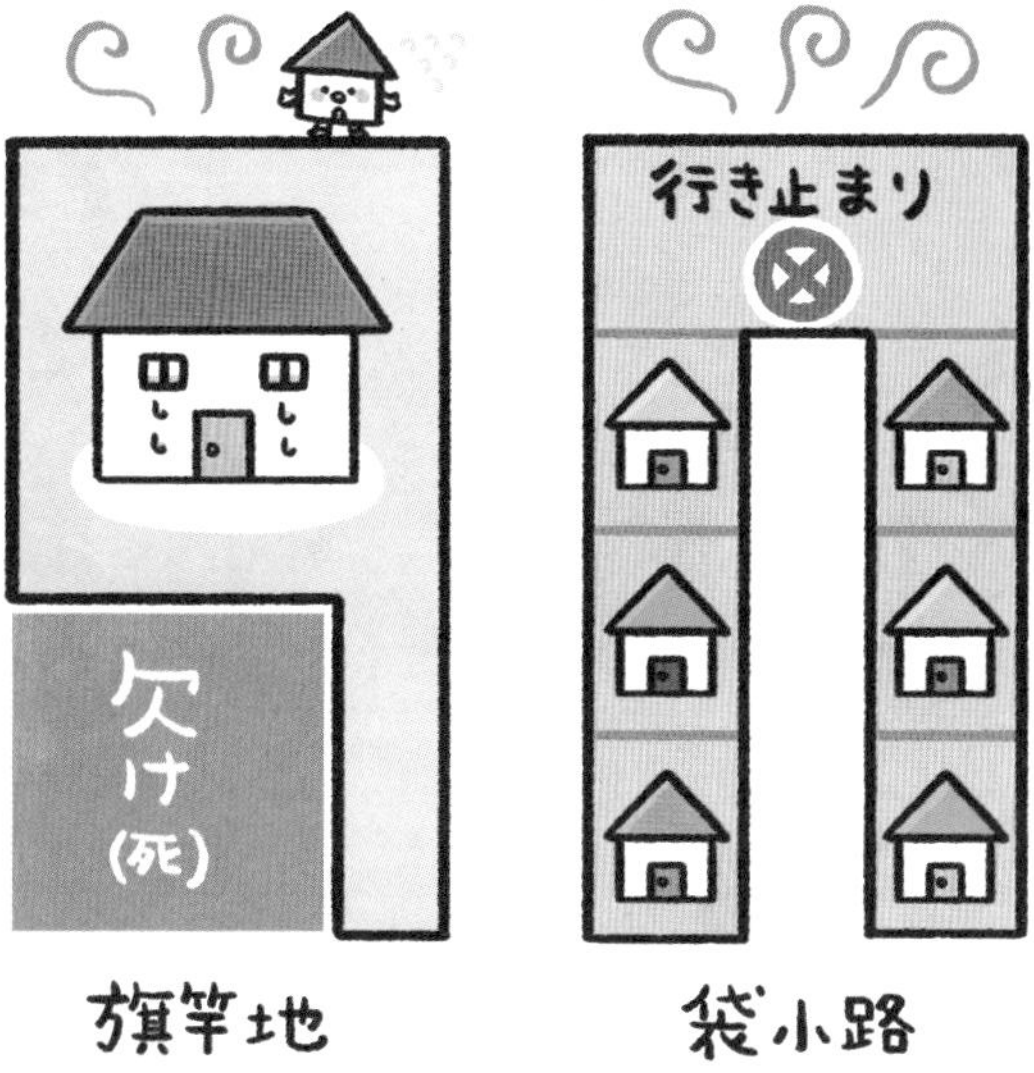

旗竿地とは、旗の形をしている土地で、棒にあたる部分が通路、布にあたる部分が家となります。奥まった所にある土地を無理に活用しているので、安く売り出していることも。

しかし、風水では通路も土地の形として見るので、**旗竿地は「欠け」**（67ページ参照）**とされ、欠けた部分は死んでいるとみなされます。**また、袋小路は行き止まりの路地奥の土地。出口がないことから気の巡りも悪く、物事が行き詰まるとされています。

イイ間取り CHECK!

- □ 日当たりがよい
- □ 四角形の間取り
- □ 北西・東南に出っ張りがある
- □ 天井が高め
- □ 風通しがよい角部屋・最上階・単室
- □ 水場が玄関を入って右以外の所にある
- □ 生活しやすい動線になっている
- □ 玄関が広く明るい
- □ 車庫と家の建物は別々になっている
- □ 天井や壁に梁《はり》が少ない
- □ 窓があり、心地よく空気が出入りする

チェックが多ければ多いほど GOOD!

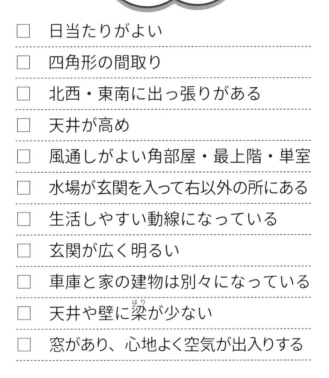

イイ間取り

日当たりがよい家で太陽パワーをゲット

日当たりのよい家は2通りあります。ひとつは東南向きの部屋、もうひとつは南西の部屋です。

季節性、近隣の建物との距離にもよりますが、東南の部屋は午前中〜13時ぐらい、南西の部屋は13時ぐらい〜日没ぐらいまで日が当たります。日中に在宅する方は南西向き、不在になりがちな方は朝日のパワーを浴びられる東南もいいでしょう。

風水では東南を推奨しますが、南向きでも南西向きでもＯＫです。

イイ間取り

四角形の間取りは安定感が抜群！

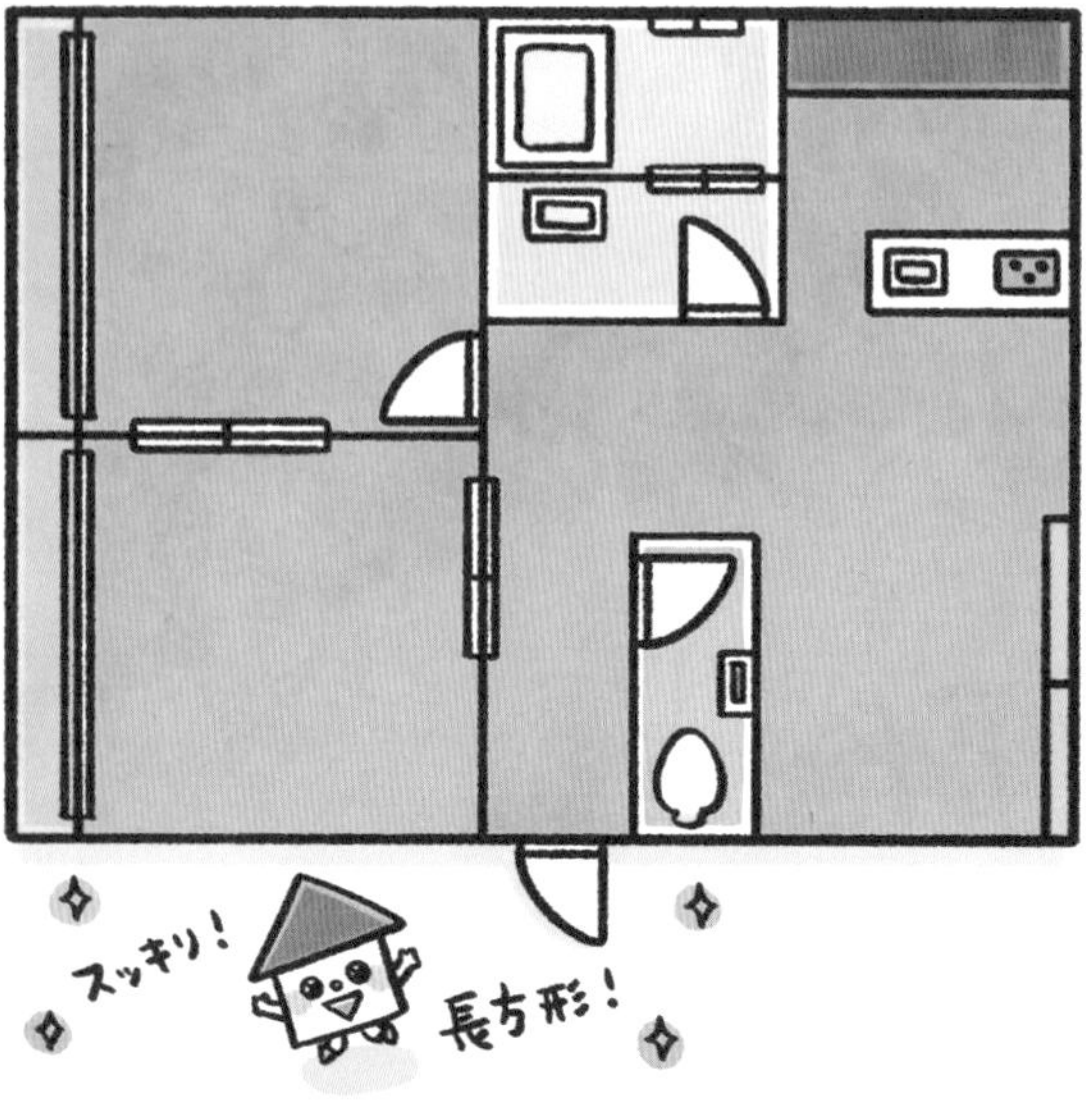

土地と同様に、部屋も四角形が安定していて最もよいとされています。ただし、正方形や長すぎる長方形ではなく、こちらもほどよい長さと形の間取りを選びましょう。扇形や三角形、いびつで角々した作りや、H型、コの字型などの特殊な間取りは不便で住み心地がよいとはいえません。

基本は四辺。七辺以上は検討しましょう。バルコニーや庭の形はこれに含まれませんので、あくまでも住居部分だけを見てください。

イイ間取り

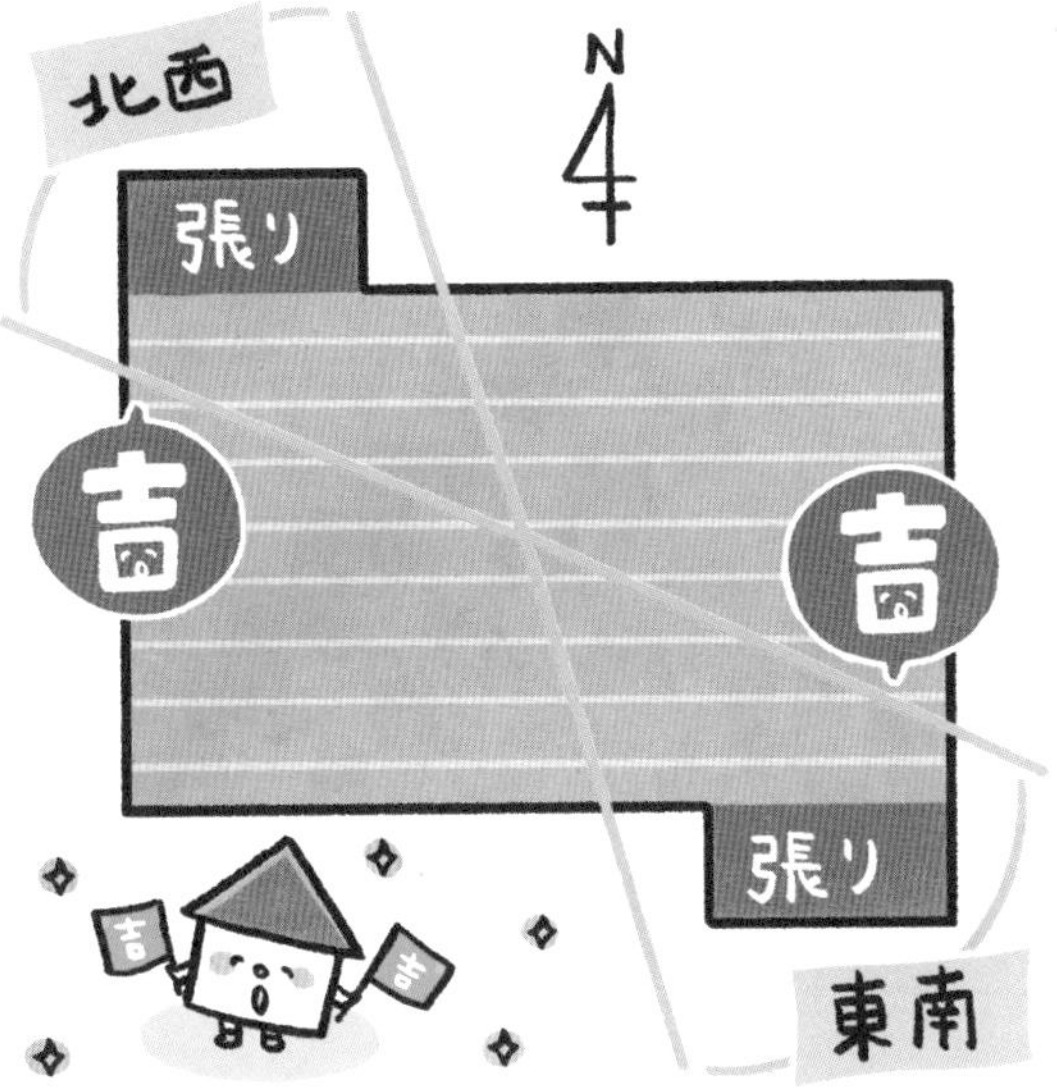

北西・東南に出っ張りがあると吉相

家相では、部屋の一辺の長さの1／3以内の出っ張りを「張り」、凹みを「欠け」と言い（67ページ参照）、イイ間取りかどうかは「張りのある方位」で決まります。

家相で最も吉相とされているのが、「北西にある張り」と「東南にある張り」で、どちらも家が繁栄するとされています。

ただし、張り・欠けを判断するのは1階のみ。2階以上は当てはまらないのでご注意を。

イイ間取り

天井高めの部屋は、よい気がたっぷり！

天井が高い家は、開放感があり、よい気を部屋いっぱいに充満させることができます。

でも、風水では家の中に吹き抜けをつくるのはNG！　吹き抜け＝穴として見立てるので、家の中に穴が空いているということになるのです。

特に、家の中心に吹き抜けがある間取りは、玄関から入ったよい気の「旺《おう》気《き》」が、溜まることなく抜けてしまい、代わりに散財運がやってきて浪費家になってしまいます。

イイ間取り

風通しがよい角部屋・最上階・単室

マンションを選ぶ際は、角部屋がおすすめ。**建物の端に位置する角部屋は、複数の方角に窓があるため風通しがよく、気の巡りもいいのが特徴。**さらに、隣室は片側のみで、生活音も比較的感じにくいといえるでしょう。

角部屋で最上階であったり、両隣がいない少戸数のマンションなら、さらに風の通りも防音性も抜群です。ただし、木造の場合は、角部屋でも防音性は叶いにくいので、音が気になる方は鉄筋コンクリート造りが安心です。

イイ間取り

よい気を遮る水場は玄関の右以外が◎

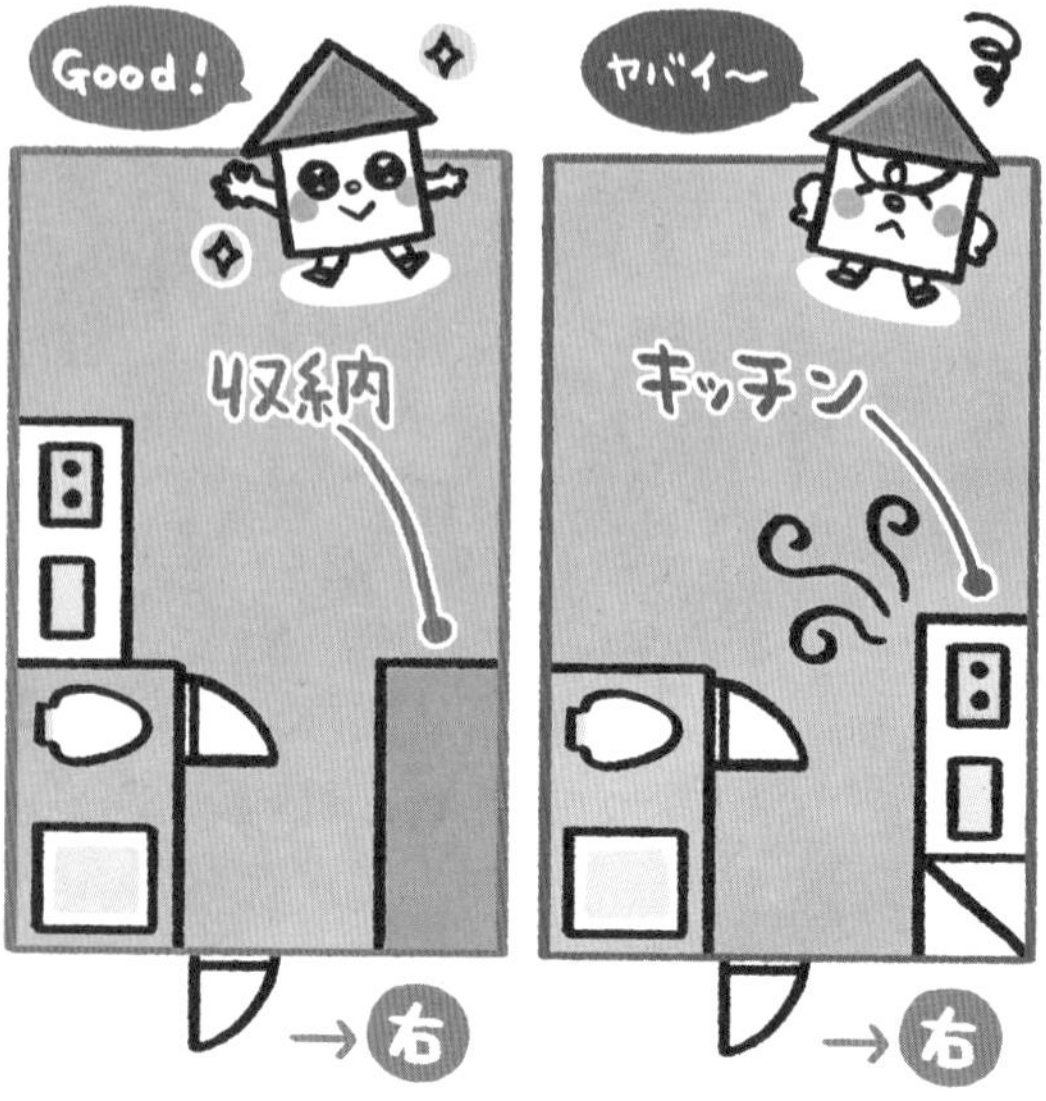

東西南北にはそれぞれ四神がいます（33ページ参照）。玄関を入って右側は、家全体によいエネルギーを与えてくれる「青龍」の位置。**ここに水場やキッチンがあると、よい気である「旺気《おうき》」が玄関から入ってきても、火と水で台無しになってしまいます。**

特にワンルームマンションに多い間取りなので、事前にチェックしましょう。玄関から入って右側は壁か、シューズボックスなどの収納棚があれば問題ありません。

イイ間取り

不便がなく生活しやすい動線が吉！

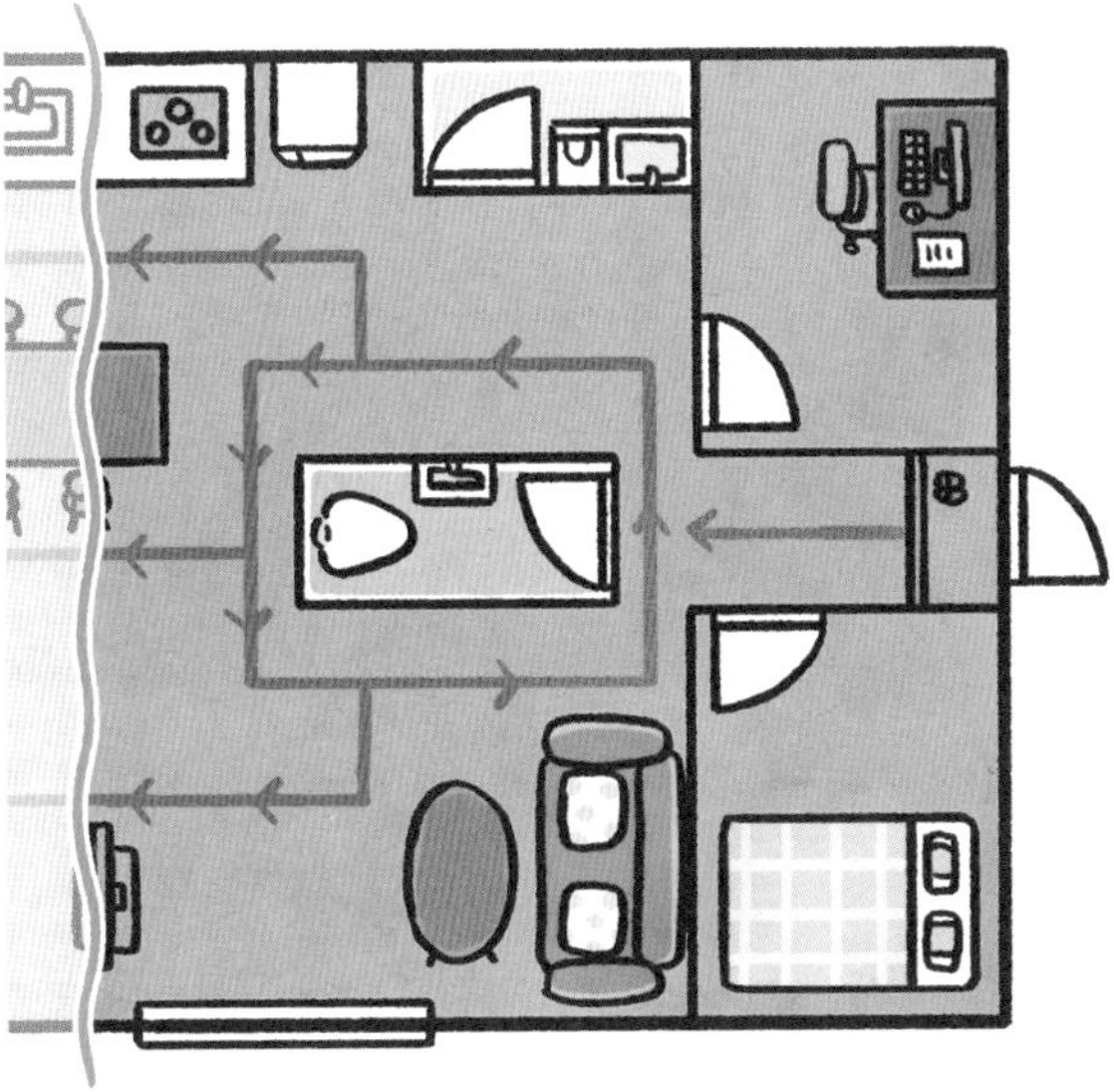

間取り図を見たら、生活しやすい動線になっているかを確認しましょう。

たとえば、玄関を入ってすぐに洗濯機があり、ベランダに行くまでに随分回り道をしなくてはいけないなど不便な動線になっていないか、ドアを開けたら反対側のドアが開かない…などの不具合も要チェックです。

風水では、部屋の内側に向けて開けられる設計がよいとされています。動線は一方向ではなく、回遊できるようになっていると便利です。

イイ間取り

玄関が広く明るい家は、旺気が満ちる

広く明るい玄関は、よい気である「旺気」をたっぷりと受け入れることができ、家全体に旺気が行き渡るとされています。

内見の際に玄関の広さ、明るさ、さらに廊下の長さもぜひチェックしてみてください。**玄関から入った旺気を部屋の一番奥にまで行き渡らせるためには、廊下が広すぎても長すぎてもダメ。**何より、生活する上では、廊下のスペースが無駄に広いより、部屋が広いほうが快適です。

イイ間取り

車庫と家の建物は別々が心地よい

家は純粋に住む場所であることが大切ですから、一戸建てでもマンションでも、家の下や中に車庫がビルトインされていないものを選びましょう。**風水では、車輪がついた乗り物を住まいの中に組み込むことはNG！** 車は人や荷物を乗せて外を走るものであり、家の中で一緒に暮らすものではないとされているからです。

家はあくまで人が住むところ。車庫と家の建物が別々になっている物件を選びましょう。

イイ間取り

天井や壁に梁が少ないと邪気も少ない

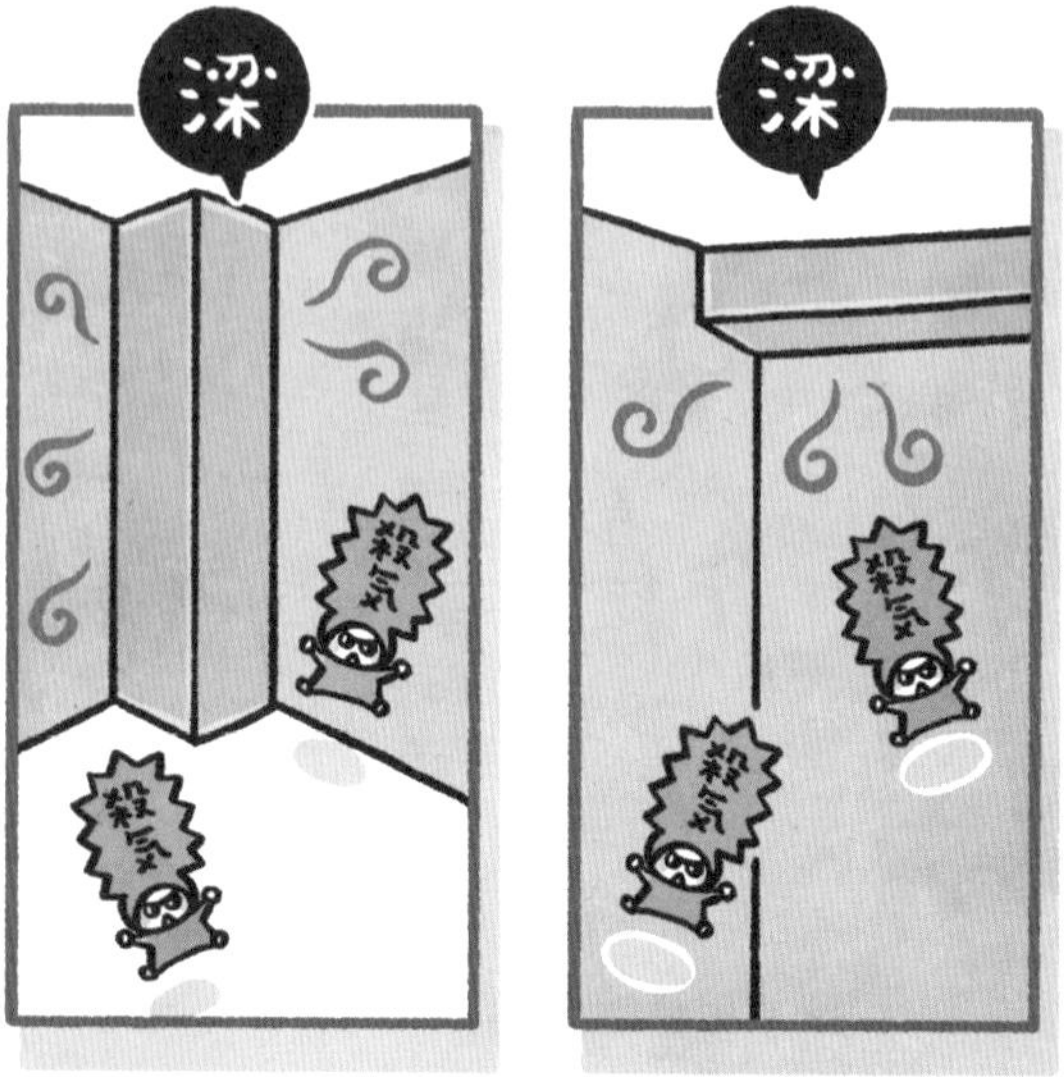

梁とは天井や壁の角にある出っ張りのことで、**風水では「梁の角から邪気が出る」とされています。**

つまり、梁が少ない家は邪気も少ないと言えるのです。梁は隠すことができず、対策しづらい場所ですから、選ぶ際にチェックするしかありません。

もし、今住んでいる家に梁があったなら、梁の真下に枕を置いて眠らないようにしてください。私の経験上、それだけでも邪気対策の効果はあると思います。

イイ間取り

窓があり、心地よく空気が出入りする

換気は「気」を滞らせないための大切な条件のひとつです。窓が小さくてひとつしかないと閉塞感を感じるように、**気の入り口と出口があり、動線が考えられているかチェックしてみましょう。**

湿気がこもりやすいトイレ、バスルーム、キッチンに窓があれば◎。換気扇が機能しているかも確認しましょう。ただし、窓が多すぎるのはＮＧ（75ページ参照）。心地よく空気が交換できているかが重要です。

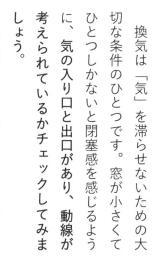

ヤバい間取り CHECK!

- □ 1階に「欠け」がある
- □ 増改築でつぎはぎだらけ
- □ 東南に大きな建物がある
- □ 家の中心に水場がある
- □ 門と玄関が一直線
- □ 文昌方《もんしょうほう》位《い》の水回りがある
- □ 玄関前に共用階段やエレベーター、ドアがある
- □ 丸みのある建物
- □ 窓が多すぎる
- □ メゾネットタイプ
- □ ロフト付き

チェックが多ければ多いほどNG!

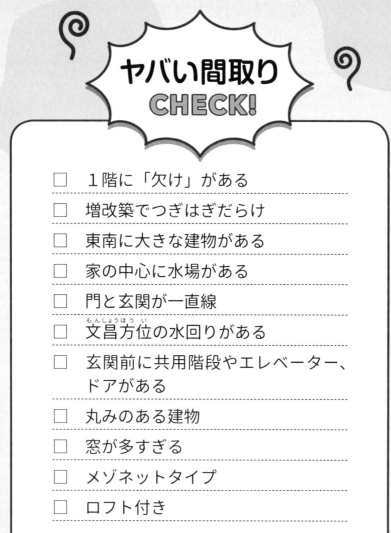

ヤバい間取り

1階に「欠け」がある家は凶相！

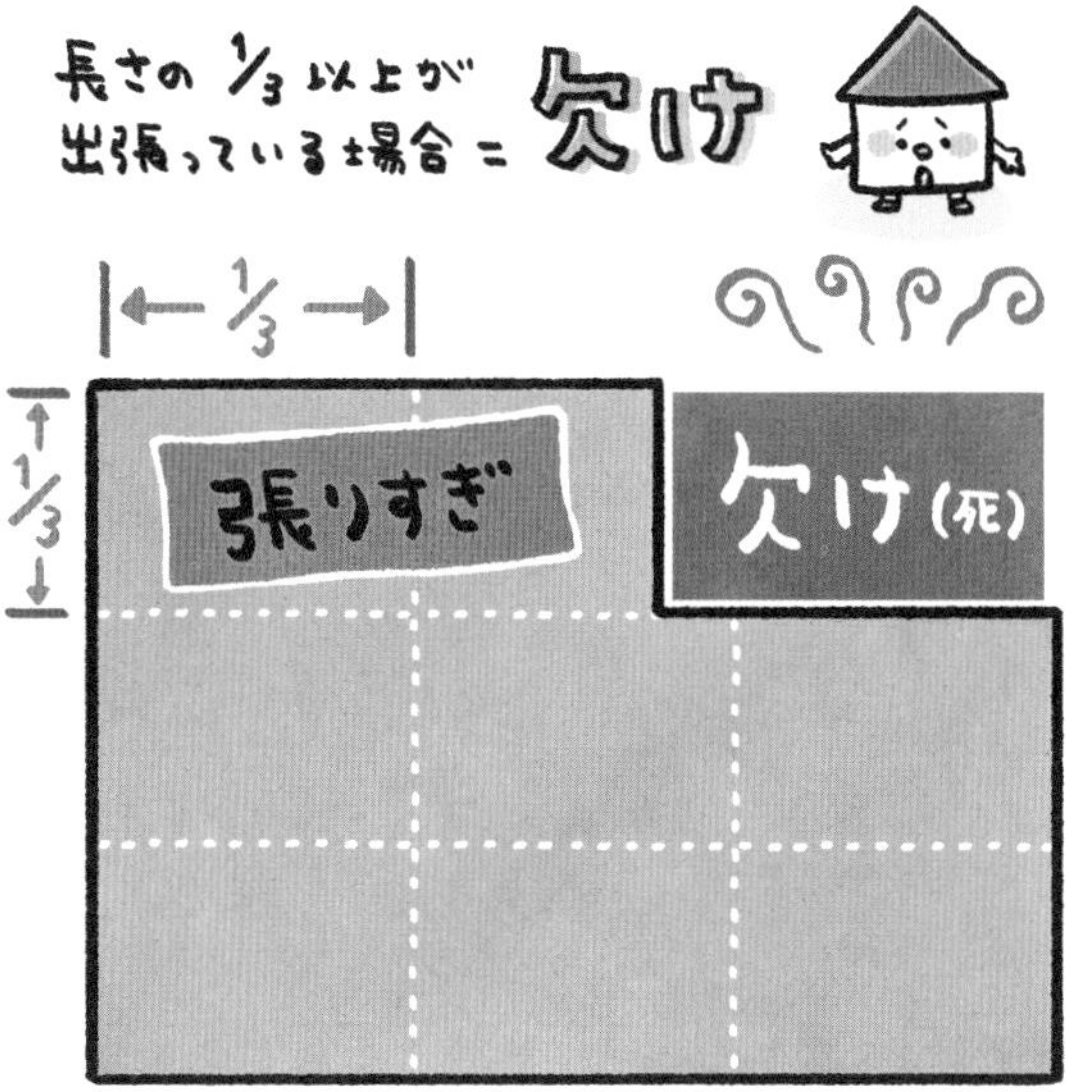

欠けている器が不便であるように、欠けている家は不便です。家相思想でも、53ページで解説した土地と同様に、**「欠け」がある家はどの方角でも凶相！**

全体の長さに対して出っ張った部分が1／3以上ある場合は「欠け」があり、その部分は死んでいるとみなされます。欠けの影響は1階に出るので、2階以上の部屋は当てはまりません。

戸建て限定の対策ですが、欠けた部分に増築したり、サンルーフにするなど工夫をしてみてください。

増改築でつぎはぎの家は「欠け」に注意

増改築をしすぎて、つぎはぎだらけの家は要注意！　特に、**増改築の影響で「欠け」が多くなってしまった家は凶相とされています。**

中古の一軒家を購入する場合は、増改築履歴を見せてもらい、欠けがないかを確認しましょう。

また、つぎはぎが多い家は、家を巡る「気」自体が不安定になっていることが多いので、気を感じて体調に影響が出やすい人は、避けるのが無難です。

ヤバい間取り

東南の大きな建物は、陽気を遮断する

東南は辰巳《たつみ》の方角、「青龍」の方位にあたり、よい気が入ってくる方角です。ここに大きな建物があると陽気・生気が遮断されてしまいます。

また、東南は、金運・出世運・仕事運・対人運をつかさどる大切な方位。家から見て東南側に隣接している建物の高さをチェックしてみてください。

あなたの希望している家と同じぐらいの高さ、または低ければ大丈夫。東南が開けていれば、昇る朝日が、光も吉も運んできてくれます！

ヤバい間取り

家の中心に水場があるとパワー減！

家の中心は「太極」といい、家の心臓部！　最もパワーが集まる場所ですから、ここには「何も置かない、何もない」が必須です。

間取り図を見て、家の中心を定め、そこに階段、キッチン、トイレ、お風呂、ベッドの枕の位置などがないか確認しましょう。人が出入りする廊下やドアなどがあっても問題はありません。クローゼットや棚がある場合は、キレイに整頓して、パワーを妨げないようにしましょう。

ヤバい間取り

門と玄関が一直線の家は金運ダウン…

門を開けて正面に玄関がある、玄関を開けて正面を見ると、窓が見える間取りは「漏財宅《ろうざいたく》」。お金があってもすぐなくなる、人が入ってきてもすぐ出て行ってしまう…。幸運が居つかない家です。

一戸建ての場合は、門と玄関を直線で結ばず少しずらして設計を。マンションの場合はレースカーテンやブラインドで窓をカバーしたり、パーテーションで区切ったり、背が高めの観葉植物を置くのもいいでしょう。

文昌方位の水回りは仕事&勉強運を下げる

「文昌方位《もんしょうほうい》」とは、吉方位術のひとつで、学問や仕事、芸術、研究、創作によい方角を示します。

文昌方位の部屋は受験勉強、リモートワークの仕事場に最適ですが、水回りやキッチンがある間取りは、仕事運も勉強運も落ちるので避けましょう。

文昌方位は、家の中から見て玄関がある方位で判定します。玄関が北にあれば文昌方位は南といった具合に定められているので、イラストを参照してください。

玄関の方位＝黄色／文昌方位＝ピンク

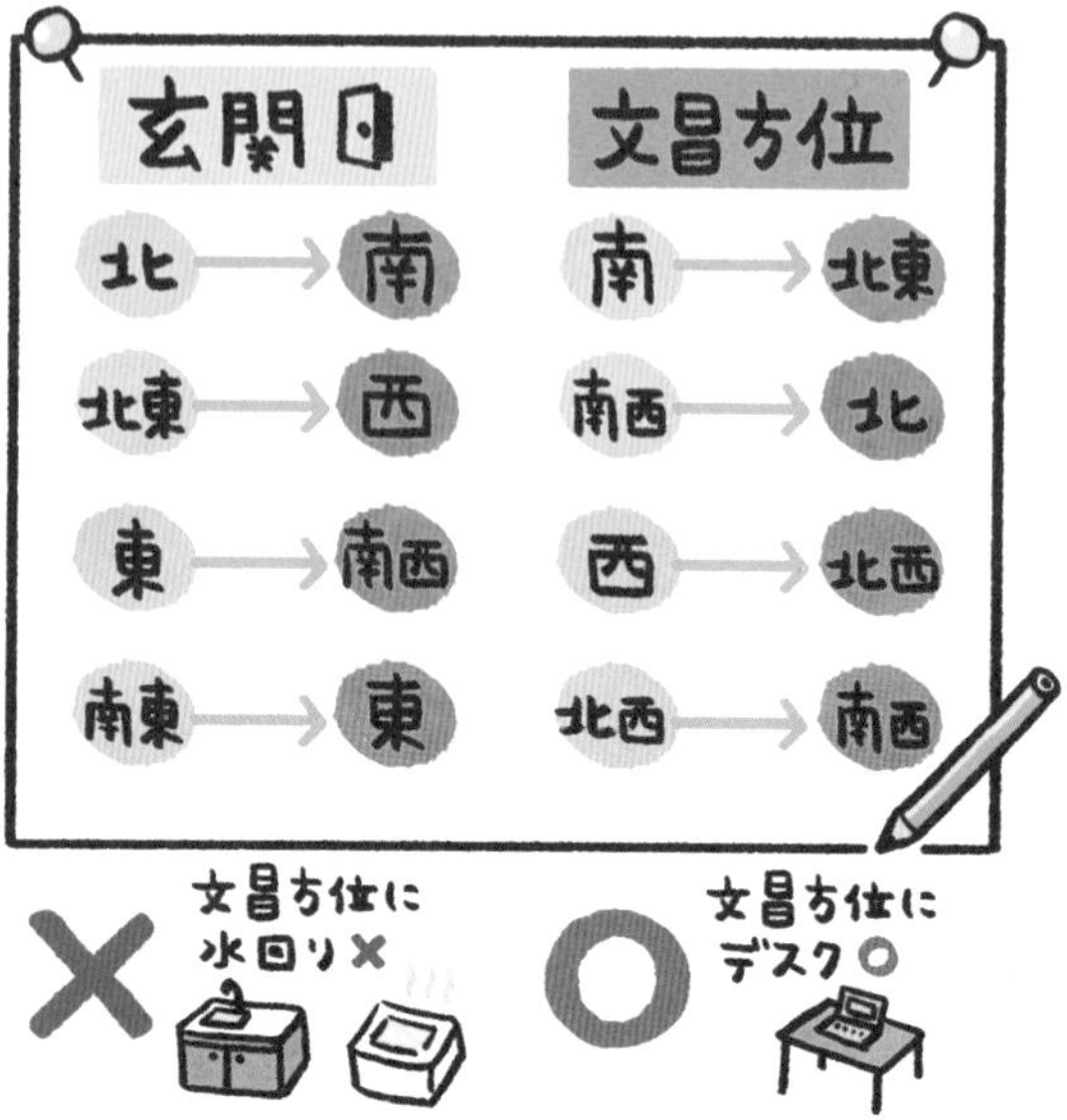

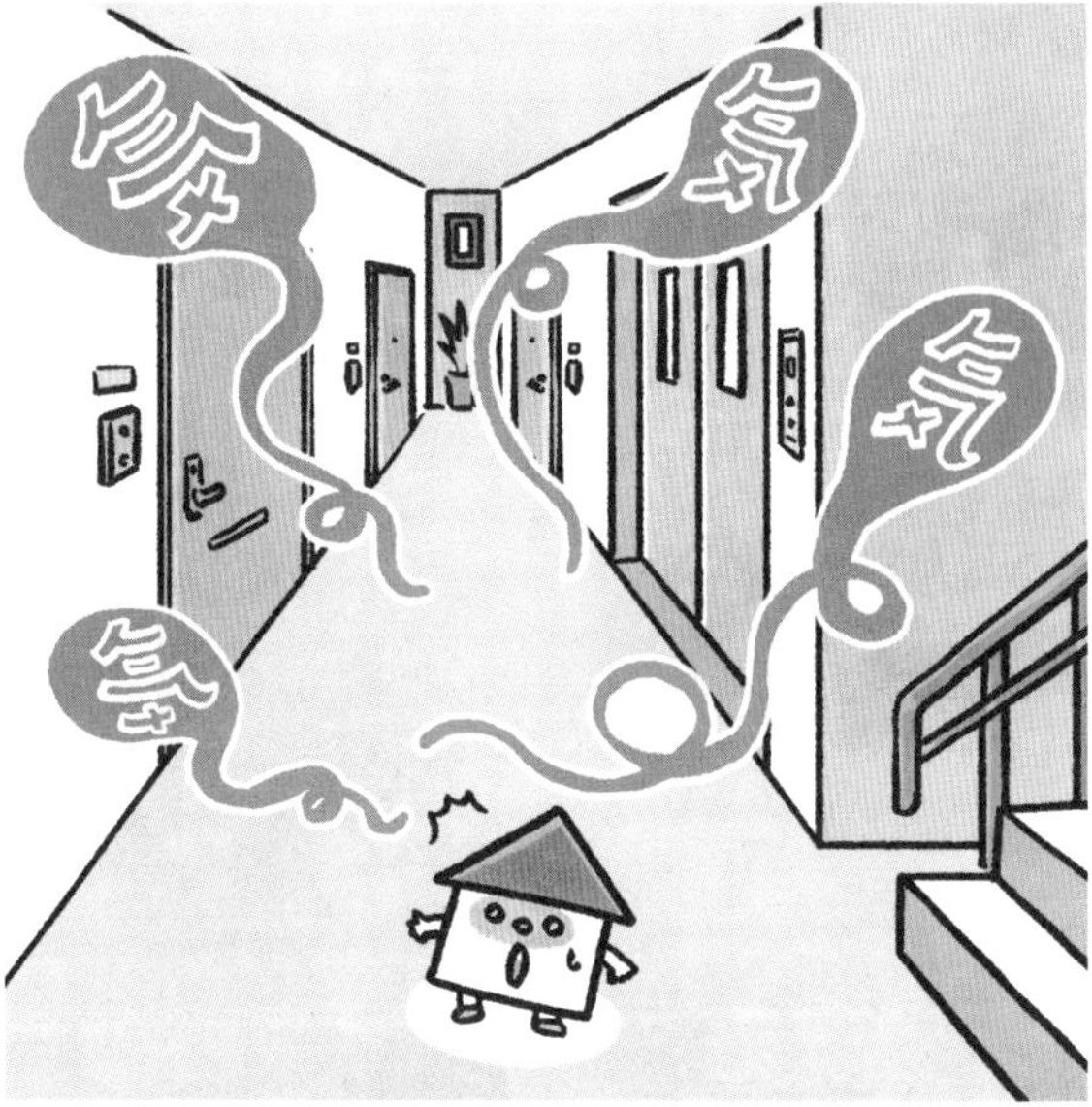

ヤバい間取り

玄関前の共用階段は「気」を乱す

玄関を開けて外に出た先に、マンション共用の階段やエレベーター、よその家のドアがある設計はＮＧ！　特に階段やエレベーターといった昇降用の設備は気を乱れやすくするので避けてください。

一戸建ての場合は、向かいの家の門や玄関が一直線上にないかを確かめましょう。玄関から家に入ってすぐに階段があるのもよくありません。

間取り図だけではわからないので、内見時にしっかり確かめましょう。

ヤバい間取り

丸みのある建物には殺気が集まる！

三角形や角が多いのも風水的にはNGですが、丸みのある形も凶形。円形の建物、ドーム型の屋根、ドーナツ型のような円弧を描くデザインの建物は「水形《すいけい》」といわれ、ネガティブな気が集まりやすい形です。

実際、丸みのある部分には家具を置きづらく、無駄なスペースができやすいでしょう。

ただし、プラネタリウムや美術館など住宅以外の施設は除きますので、気にせず利用してください。

ヤバい間取り

窓が多すぎると、よい気が逃げる…

玄関同様、窓もまた内と外をつなぐ大切な役割があります。玄関からよい気が入って部屋を満たしたあと、窓や通気口から外に出ていきます。この循環を生み出すのがよい家です。

65ページで「換気がよい間取り」をおすすめしましたが、**窓が多すぎて、よい気が満ちることなく出て行ってしまう間取りは要注意。**その窓は、生活において意味があるか？　役に立たない〝死に窓〟ではないか？　内見時にしっかり確認しましょう。

ヤバい間取り

不便なメゾネットは「気」が不安定に

マンションやアパートなどで、スペースを活用しようとして内部に階段を設けたメゾネットタイプは、動線が悪くなりがちなうえに、中途半端なスペースができやすいもの。

特に、**2階部分が屋根裏部屋のようになっていたり、物置のように使う間取りは、気が不安定になりやすいため、おすすめできません。**

メゾネットでも一戸建てのように、2階部分の居住スペースとしてきちんと活用できるなら問題はありません。

ヤバい間取り

ロフトは不便でいいことなし！

オシャレなイメージで若者に人気があるロフト付きの物件も、風水上ではNGとされています。

ロフトを作るためには、天井が無駄に高くなったり、余計な収納場所が増えがちで、家の気が不安定になります。

また、メゾネットと同様に、ロフトスペースを物置のように使うのも避けるべきです。

何より、狭いはしごを上り下りするような間取りは、実際に住んでみると不便に感じるはずです。

ヤバい土地・間取りだったら…化殺アイテムを使ってみよう

2章で解説した土地、間取りをチェックして、「今の家、けっこうヤバいかも…」と思った方も多いのではないでしょうか。実は、すべてよい条件が当てはまる物件を探すのは不可能。優先順位を3つぐらい決めて、あとはある程度受け入れつつ、好みなどを盛り込んで選べばOKです。

でも、「ヤバい」なんて言われると、気になりますよね?

そこで、役立つのが化殺です。26ページで解説したように、殺気を出す形殺を相殺する化殺風水アイテムを上手に活用して、できるだけよい気が巡るように工夫しましょう。ただし、やり過ぎると、家の波動が乱れることがあるので、ここで紹介するアイテムから、3つぐらいを取り入れるのがおすすめです。

アイテム❶ 八卦鏡

鏡＝太陽ともされ、鏡はさまざまな災厄を除けると言われています。八掛鏡《はっけきょう》には、邪気を跳ね返す凸鏡と、よい気を受け止める凹鏡があります。本格的なものは使いこなすのが難しいので、市販品の一般的な八卦鏡がおすすめです。

使い方：家の横に大きな道路や高速道路、鉄塔や電線がある、近くに墓地・病院がある、家よりも高い建物がある場合、その方角に凸鏡を向けて設置する。

アイテム❷ 陰陽五行鉢

家の陰陽五行のバランスを整えるアイテムで、材料をそろえたキットも市販されています。乱れた家の気を安定させてくれる効果があるとされ、日当たりが悪い、家の近くに幹線道路や車通り・人通りが多い、家庭内でトラブルが多発している、間取りが多角形といった家にピッタリです。

使い方：ガラス瓶に水晶さざれ石を約500グラム入れ、粗塩少々、パワーストーン5つ（五行を表す色やイメージで）、中心に水晶ポイント（尖っているもの）を乗せる。できるだけ家の中心に置く。または、玄関やバランスが気になる場所でもOK。

アイテム❸ 八方位除け護符や鎮宅護符

神仏習合の時代に生まれた祭祀がもとになり生まれたのが、八方位除《よ》けや鎮《ちん》宅《たく》護《ご》符《ふ》です。星の信仰と家相が合わさった思想で有名なものが「太《たい》上《じょう》神《しん》仙《せん》鎮《ちん》宅《たく》七十二霊符」。

家の気を安定させたい方、もっと発展したい方、または嫉妬を受けやすい人気商売の方、家で起こる災難が続いている方におすすめです。

使い方：神社やお寺で授かり、問題のある方角、気になる方角、玄関ドアの上などに天高く貼る。

アイテム❹ 龍神と水晶玉

龍神はめでたい神獣。邪気祓い、財運・人脈運における良好な縁を招き入れるパワーが宿っています。龍神の手に水晶玉がはめられている置き物、または、龍の置物と水晶玉を一緒に飾ってもよいでしょう。サイズは小ぶりでOKです。

使い方：東の方角または玄関に飾る。特に、お金周りで問題が出ている方、漏財宅、水場が凶相にある家におすすめ。龍亀《ロングイ》やヒキュウなど、財運に長《た》けた神獣もGOOD。

アイテム❺ 銅製の瓶や壺

化殺アイテムの置き物は、好転作用がある銅製のものがおすすめ。家の中の陰気を浄化して陽気に転換してくれます。龍神のほか、花瓶や壺など、器の形をしているものもよい効果があります。

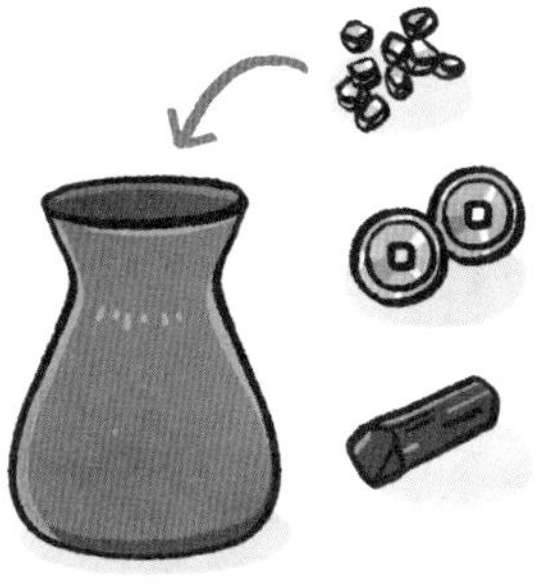

使い方：陰気が溜まりやすいトイレなどの水場、鬼門（25、126ページ参照）などに置くとよい。器形の銅製アイテムの中に水晶さざれ石、古銭などのコイン、除湿や防臭効果のある竹炭などを入れるとパワーがアップ。

COLUMN 2

家探し成功の第一歩は相性のよい不動産業者を選ぶこと！

どんなことにも相性があるように、不動産業者との相性はとても大切です。インターネットで検索をしても、実際に内見をしたり、物件を紹介してもらったり、アドバイスをしてもらう際には、必ずコミュニケーションを取ることになります。また、同じ物件でも、複数の不動産業者が仲介しているケースが多いので、どの会社を選ぶか、どんな担当者かによって、物件選びにも影響が出ます。

たとえば、連絡が遅い担当者にあたってしまい、1日の差で欲しかった家を購入できなかった、会社を休んで内見巡りをしようと計画していたのに、手配ができておらずほとんど見せてもらえなかった…なんてこともあります。

不動産業者選びのポイント

- □よい点だけでなく、悪い点も正直に話してくれる
- □希望や条件に合う間取りの紹介や提案を親身にしてくれる
- □内見希望に対して面倒な顔をしたり、渋らない
- □連絡がスムーズで、情報提供が親切
- □車で内見案内をしてくれて、沢山紹介してくれる
- □知識が豊富で、質問に快く答えてくれる
- □大家さんの情報や以前住んでいた人の情報をある程度開示してくれる
- □家賃などの条件交渉を渋らない
- □契約内容の確認を丁寧にしてくれる
- □契約をせかしてこない

そう、家探しは、不動産業者に大きく左右されるのです！　最近ではネットのレビューを参考にする方も多いようですが、過信するのは危険。レビューがよくても、不快な対応をされ、よい結果にならないケースも多々あります。

では、実際にどんな業者を選ぶのがよいのでしょう。風水師としての観点で、不動産業者の選び方のポイントを挙げてみましたので、ぜひ参考にしてください。

引っ越しは、
何かと慌ただしくて
面倒なことが山積み…。
でも、引っ越しで
運命が変わると思えば、
ワクワクしませんか？
リセットパワーをアップさせる
引っ越し術を心得ておけば、
新生活に弾みがつくこと
間違いなしです！

3章

リセット＆スタート

運命を変える！引っ越し術

スイッチ
ON
これから
この家に住む
○○です！
よろしくお願い
します！
ハーイ
よろしくね〜

1

引っ越しで運命が変わる！吉日を選んでリセットパワーをアップ

人生にはターニングポイントがあり、多かれ少なかれ引っ越しもあるでしょう。住まいを変えることで環境が変わり、運命に変化がもたらされますが、そのきっかけはさまざまです。

・転職をして会社の近くに引っ越す
・進学や就職で、ひとり暮らしを始めるために実家を出る
・子育ての環境を考えて引っ越す
・会社を辞めて田舎暮らしをするために、都会から移住する
・失恋から立ち直るために引っ越す

仕事や進学の都合もあれば、「環境を変えたい」「運命を変えたい」「現状を打破したい」など、気分転換に引っ越しをする場合もあります。どちらにせよ、**引っ越しにはリセットのパワーがあるということを、私たちは感覚的に知っているのかもしれません。**

そのタイミングをキャッチアップし、せっかく引っ越しをするのであれば、できるだけ暦上でも吉日にしたいですよね。自分なりの縁起担ぎとしてもいいかもしれません。

次のページでは、引っ越しや契約にオススメの日やサインを紹介するので、ぜひ参考にしてみてください。もちろん、すべての人の運勢に当てはまるわけではありませんが、引っ越しのタイミングを決めるのには最適です。

もし、引っ越しに適していない時期にあたってしまった場合でも、運のよい人ほどストップがかかるような現象が身の回りで起きることがあります。

たとえば、引っ越し業者となぜかスケジュールが合わない、大きな仕事が決まって引っ越しどころではなくなった…など、小さなサインかもしれませんが、意識していると気づくことができるはず。気になることがあったら、一旦ストップして様子を見るのもいいかもしれません。

要チェック！

その引っ越し日はイイ日？ ヤバい日？

引っ越しは、運命を変える大事な日です。
リセットにふさわしい日か、自分が納得できるいい日を選びましょう。

○イイ日　引っ越しにおすすめの日とサイン

- □ 一粒万倍日《いちりゅうまんばいび》＋天赦日《てんしゃにち》が重なる最強吉日
- □ 一粒万倍日（不成就日と重なっている場合を除く）
- □ 大安の日や新月
- □ 自分の好きな数字や記念日

×ヤバい日　引っ越しに適さない時期とサイン

- □ 天中殺《てんちゅうさつ》・空亡《くうぼう》に入っている時期
- □ 仏滅や忌み日、不成就日など暦による悪時期
- □ 引っ越しを決めた途端に不運なことが起きた
- □ 体調が悪いときや近親者に病を抱えている人がいるとき

吉日や悪い日は
ウェブサイトでも
調べられるよ！

2

引っ越し準備は心を込めて！物に感謝をしながら荷物を整理しよう

引っ越しには、リセットのパワーがありますから、準備の段階から心を込めて丁寧に進めましょう。

リセットパワーをアップさせるためには、引っ越し業者にすべてをお任せするより、自分の手で梱包したり整理するのがおすすめです。

身の回りにある物は、すべてご縁があったはず。プレゼントや、親や祖父母、ご先祖様から引き継いだ物もあるかもしれません。

ひとつひとつ、何が今後必要で不必要かを精査するときに、いつ、どこで、どういうきっかけで買ったのかなどを思い出しながら整理し、捨てることになった物にも、

「今まで一緒にいてくれてありがとう」

「役に立ってくれてありがとう」

「いつも見守ってくれてありがとう」

など、感謝の言葉をかけて、お別れしましょう。

有機物でも無機質でも、どんな物にも命があることを忘れてはいけませんね。

3

新生活には新アイテムが吉！
家電も家具も〝全捨離〟の勢いで処分

新居での生活は、できるだけ新しい家具や家電で迎えたほうが吉！　すべて捨てるぐらいの勢いで、思い切って処分を検討してみませんか？

私は、2020年に5年ぶりの引っ越しをしましたが、大型家具の半分以上を処分しました。まだ使えるものは捨てずに寄附したり、友人のサロンに引き取ってもらうことができて、気分もスッキリ。捨てることだけが処分ではないので、思い切って大型家具を手放し、新調することも検討してみましょう。

リセットとは「運命が変わる」ということ。過去を思い切って断ち切ることでもあります。

もちろん、購入して間もない物や、長持ちする高級家具やペルシャ絨毯《じゅうたん》など、「もったいない…」という思いがあって手放すのに躊躇《ちゅうちょ》する物は、今後も使うか使わないかという視点で考えてみるといいでしょう。インテリアの好みは変化することもありますので、新居で使って心地よいと思えれば、無理に捨てる必要はありません。

4 あなたを守ってくれる氏神様にお礼参り、挨拶参りをしましょう

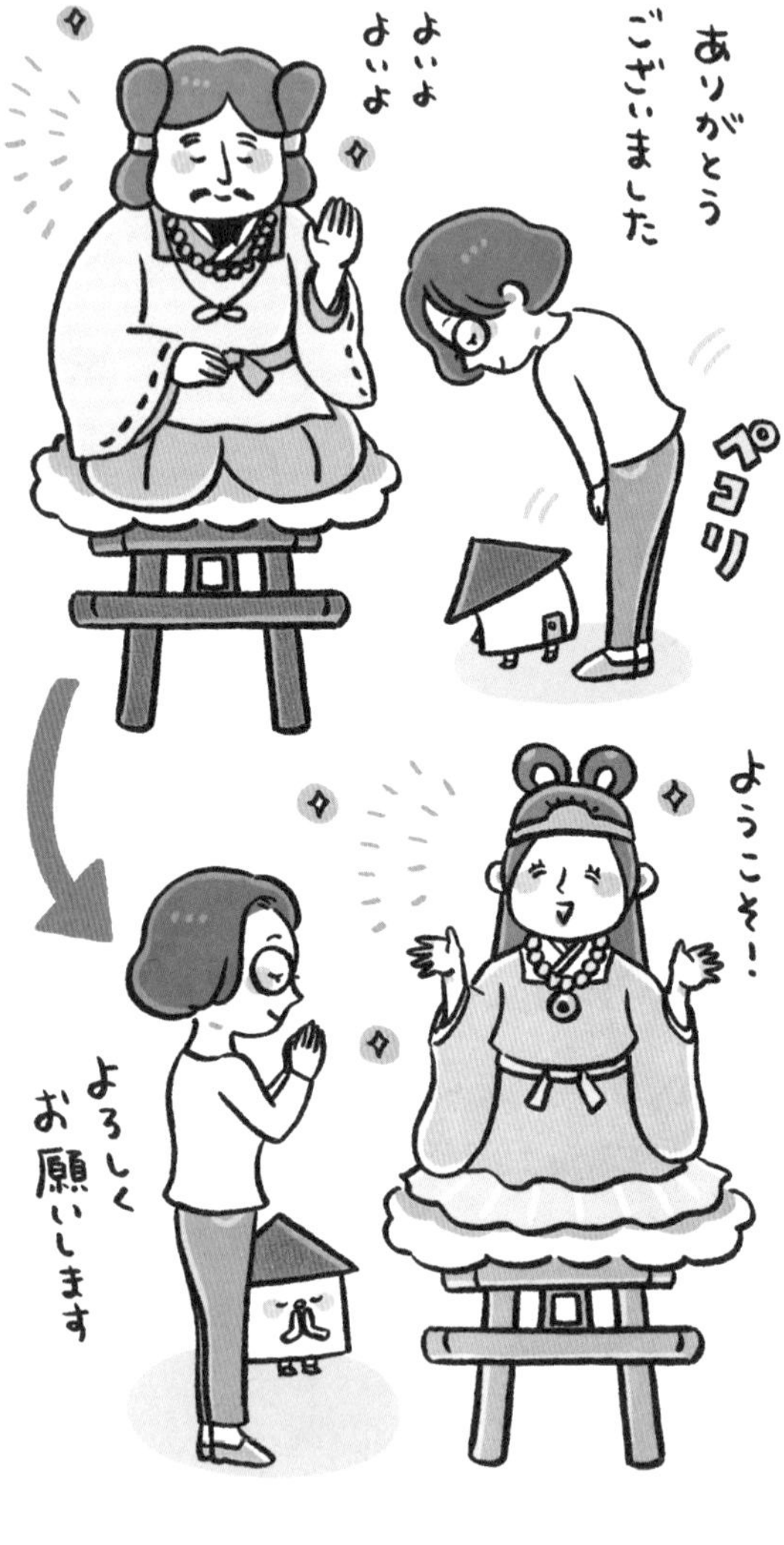

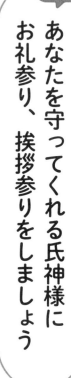

住んでいる土地には、その土地を守る氏神様《うじがみさま》がいます。**その土地を離れることが決まったら、引っ越しの前日までに、氏神様にお礼参りをしましょう。「今まで見守っていただきありがとうございます」と、手を合わせ、心を込めてお参りすることが大切です。**そこの氏神様で授かった神札やお守りがあれば、お参りの際にお祓《はら》い所にお納めするとよいでしょう。

引っ越し後は、新しい家の土地を守る氏神様にご挨拶を。引っ越し後は忙しいものですが、一週間以内に「これからお世話になります」と、挨拶参りに行きましょう。

神棚がある方は、その氏神様の神札を授かるのがおすすめです。氏神様がいる神社がわからない方は、神社本庁のホームページから住んでいる地域の神社庁を調べて、問い合わせることができます。もちろん、近所の詳しい方に聞くのもいいでしょう。

※神社は地域によっては祭事の時以外は無人の場合もありますので、ご無理のない程度の心持ちで問い合わせてみましょう。

5 家に声を響かせて挨拶をして家に命を宿すスイッチをオン！

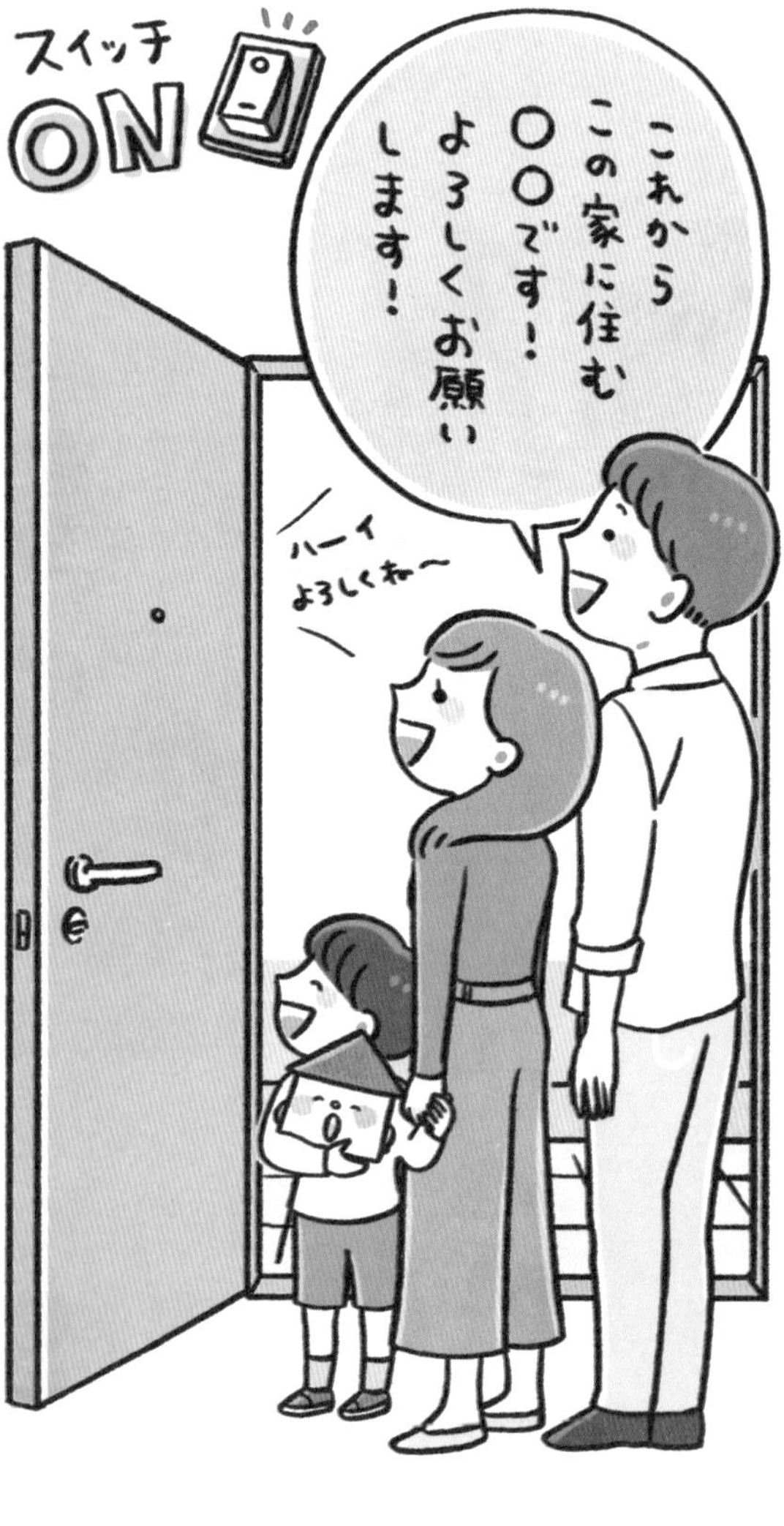

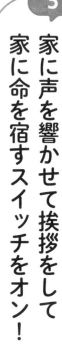

人にも物にも命があるように、家にも命があります。

新居が決まり、氏神様への挨拶が終わったら、転居届や住民票の移動をしますよね。実は、これも新しい土地に根づくための一歩。家に命を宿していく行動のひとつです。

こうした手続きをスムーズに済ませることで、以前の運もスムーズにリセットされるので、「面倒だ～」「忙しい～」と後回しにせず、早めに行いましょう。

引っ越しの前には、玄関で部屋に向かって「これからこの家に住む○○です、よろしくお願いします」と、しっかりと声に出して挨拶をしてみてください。家に音を響かせることで、家との共鳴が始まります。また、新居での生活を具体的にイメージしたり、家を隅々まで観察し、メンテナンスが必要なところを見つけてあげるのも、家に命を宿すスイッチです。

このようにして、新しい家とのご縁を深く紡いでいきましょう。家への愛着を持つことで、家もまたあなたを守ってくれますよ。

6 新居の中心で八方位に拍手！&清め砂で新居を清めましょう

引っ越し前に新居に入ることができたら、まず**新居の中心部分である太極（70ページ参照）に立ち、方位磁石で八方位を調べて、天地万物にお礼を伝える「八《はち》方《ほう》位《い》拍《はく》」をしましょう。**

「北」から時計回りに、北→北東→東→南東→南→南西→西→北西の順番で、各方角で拍手を4回します。八方位で合計32拍手。最後に、四方位を東西南北の順番に、礼を各1回ずつ、合計4回してください。拍手を打つときは腕を曲げず、伸ばした状態で両手を大きく広げて行います。

氏神神社で「清め砂」を授かれる場合は、ぜひいただいて新居のお清めをしましょう。引っ越しの日までに、土地、建物、玄関のいずれかの四隅に、清め砂を直接置き、1日経ったら撤去します。

清め砂の使い方は神社によって作法が異なるので、授かる際に方法を聞いてみるといいでしょう。清め砂の代わりに盛り塩やお線香を使うのは控えてください。これらを使うと結界が張られ、よい気が入ってこなくなる恐れがあります。

COLUMN 3

風水メジャーで楽しめる“開運お宝探し”はいかが？

風水の専門家が使うアイテムに、風水魯班尺《ろはんじゃく》という風水メジャーがあります。それぞれの寸法に吉凶が記されており、あらゆる物の吉凶を測ることができるという優れものです。

ただし、吉凶はミリ単位で変わるため、とらわれすぎると大変なことになるので、使うべき5つのポイントを紹介しましょう。

・玄関（ドア）や門の入口の寸法
・デスクやイス
・情報が入ってくるテレビやパソコン、スマホの寸法
・洗濯機や冷蔵庫などの大型家電

・ベッドや寝る場所で使う物の寸法

もちろん、すべてをチェックする必要はありませんし、そのほかの気になるアイテムや場所に使ってもOK。お宝探しの感覚でお財布や名刺入れなど、ビジネスや日常で頻繁に使う小物の寸法をチェックしてみるのもおすすめです。

風水メジャーは、赤が吉、黒が凶で表されています。「門公尺《もんこうじゃく》」は建築物の玄関、ドア、窓に、「丁蘭尺《ていらんじゃく》」は小物、家電や家具、お墓などに用います。

ネットでも購入できるので、楽しみのひとつとして活用してみませんか？

風水メジャーの見方

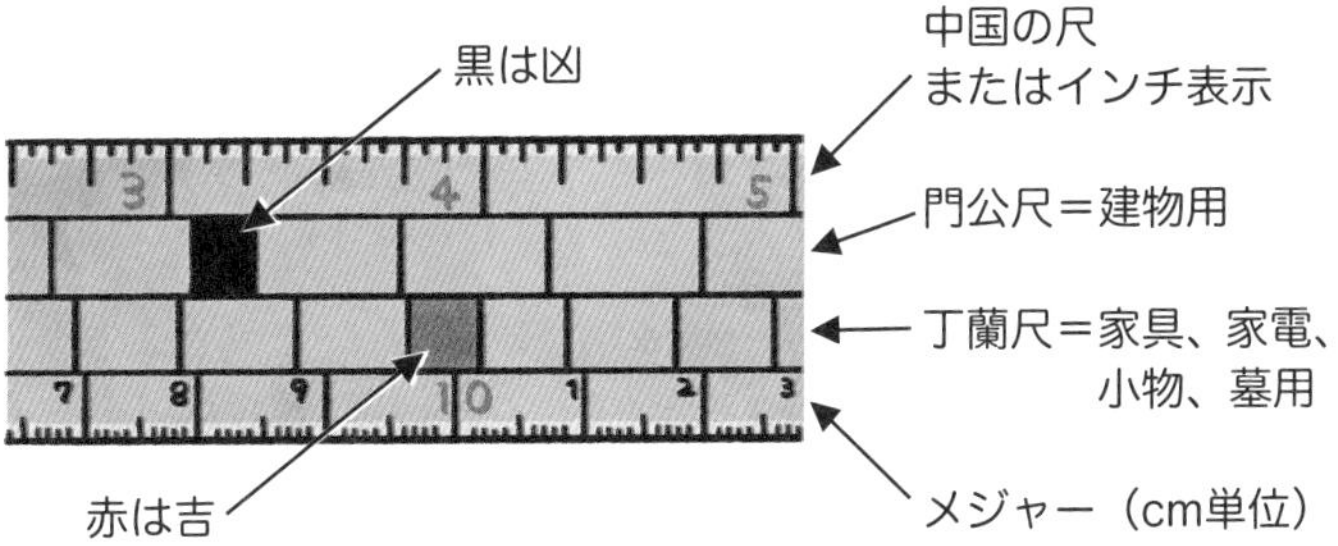

住む場所や家だけでなく、
インテリアにも
運命を変えるパワーがあります。
金運、仕事運、恋愛運、
人脈運、健康運。
願いに合わせて、
部屋を使い分けたり、
家具やアイテムを配置したり、
色合い、形を選べば、運気がアップ！
あなたの気分も
アップするでしょう！

4章

どんどん
願いを叶える！

開運インテリア

玄関の
ドアノブに
タッセル
桃
モチーフ
水を連想
するもの
水晶・水槽など

1

金運アップのインテリア術

お部屋の「財気位」に吉アイテムを！

何度チャレンジしても、その場所に置くと植物が枯れてしまう…。そんな経験はありませんか？ 他の場所では元気に育つのに、不思議だなと思ったなら、そこは、悪い気が溜まる「陰」の場所かもしれません。

このように、家の中にも陰陽があります。植物を置いて確かめてみるのもいいですが、もっと簡単な調べ方があるのでご紹介しましょう。

まずは、**各部屋で最も気がよい「財気位《ざいきい》」の場所を調べます。部屋の入り口から対角線上にある角が財気位です。**入り口が部屋の端にある場合は、対角線上の角1つ、入り口が真ん中にある場合は、左右の対角線上の角2つ、対角線上に出っ張りがある場合は、その両隣の角2つが財気位となります（イラスト参照）。

金運アップには、財気位に観葉植物や円形の物、水が循環する噴水や水槽などを置くのがおすすめです。財気位にゴミ箱やペットのトイレがある場合は移動しましょう。固定された収納スペースがある場合は、整理整頓を。財気位がぐちゃぐちゃギュウギュウでは、金運に見放されてしまうかもしれません。

上座に絵画や宝飾品を飾って金運を呼び込もう

また、**部屋の中には「上座」と「下座」があり、金運アップには上座を整えることが大切です。**

上座の位置は、財気位と同じで入り口から最も遠い対角線の先。寝室の上座側に奥様が寝ているご家庭は、かかあ天下かもしれません。旦那様の出世、収入アップを願うなら、上座側に旦那様が寝るようにしてみましょう。

ドアを開けてすぐ見える所も上座とする場合があるので、そこにとっておきの絵画や美術品を飾ったり、宝飾品を置くと金運アップにつながります。その壁に「今のプロジェクトを成功させる！」などの目標を書いて、いつも目にするようにすれば、きっと後押しをしてもらえるでしょう。

最後に、家全体の財運アップ対策を見てみましょう。

玄関から最も離れた場所が、家全体の財運に関わってくる場所です。ただし、ここもまた家の方角によって変わってくるので、その方角に吉とされるアイテムやカラーを意識してコーディネイトする必要があります。

玄関から最も離れた場所に、ペットの居場所、トイレ、キッチン、バスルームなどの水場や、エアコン、空気清浄機、扇風機などのファンが回転して風で吹き飛ばしてしまうものがあったら運気がダウンしてしまいます。物件選びのときに水場の位置を確認しましょう。

エアコンが取り付けてある場合は、風が回転しないように向きを固定するなどして調整してみてください。方角による影響を受けないアメジスト、クリスタル、シトリンなどの水晶系のクラスターやドームといったパワーストーン、また、お金の成る木やパキラなどの植物もおすすめです。

ただし、どれも、自分の背丈よりも高いもの、大きなものは気の流れを変えてしまうので、低いものを置くようにしてください。

2

仕事運アップのインテリア術
リモートワークを楽しめる空間を作ろう

家の中だけで仕事を完結させる時代がやってきましたね。今後もリモートワークのスタイルは継続されていくでしょう。そこで、自宅での仕事がはかどるデスクの配置や整え方をレクチャーしていきましょう。

仕事運アップに直結する方角は、東、東南。五行では「木」を表し、成長、出世、達成と「上に伸びる気」が備わっています。

東、または東南に向けてデスクを置いて仕事をすると、頭が冴えてアイデアが浮かび、仕事がはかどるでしょう。この方角に窓があればベスト！　午前中の早い時間から仕事にとりかかると、さらに運気アップにつながります。

机の形は長方形がおすすめです。東、東南に向けてデスクを置けない方は、机を「木」の素材にして、木の形を象徴する長方形のデスクにしてみましょう。

集中力を上げたい方は、木目があまり目立たない濃いめのカラー、直感力やアイデアを高めたい方は木目調で明るいカラーが◎です。

横に長すぎる、ワークスペースが狭すぎる、ガタガタする、壊れている…そんなデスクは気が不安定になりがちなのでNG。選ぶ際はサイズをチェックし、きちんとメンテナンスをして気持ちよく仕事ができるものを使いましょう。

座ったまま長時間いると、血流が悪くなって集中が途切れてしまうので、立った状態で姿勢を変えながら仕事ができるスタンディングデスクもいいでしょう。**高さを変えられるスタンディングデスクは、上に伸びる「木」のイメージを象徴しているので、仕事運アップを後押ししてくれるでしょう。**

また、気分を変えながら仕事をしたい方は、折りたたみデスクを使うのもいいアイデア！　そのときの気分で、デスクを移動させながら仕事をしてみれば、見える景色が変わって頭が活性化し、閃きが訪れるかもしれません。

自然の景色が目に入る方向にデスクを置こう

リモートワークでは、パソコンと長時間見つめ合うことになるので、可能であれば**デスクを窓側に向けて、窓外の景色を眺めて目を休めてあげましょう。植物**

の緑、山、空など、自然の物が目に入ればより吉です！

デスクを窓側に向けることができないという方は、パソコンのデスクトップ画面を癒される自然の風景にしたり、目の前の壁に風景画を飾ってみるのもいいでしょう。吉相を表す「山」の絵は、仕事運アップにつながるのでおすすめです。

また、仕事場のイスは、身体を預ける大事な相棒。特に長時間座って仕事をするなら、身体に合った質のよいイスを用意しましょう。イスの素材は「木」じゃなくても問題ありません。仕事中のあなたを支える相棒ですから、自分に最もフィットするものがよいでしょう。

イスって適当に
なりがちかも…
いいものを
買いましょう！

3

恋愛運アップのインテリア術
いい出会いを呼ぶ玄関&南のインテリア

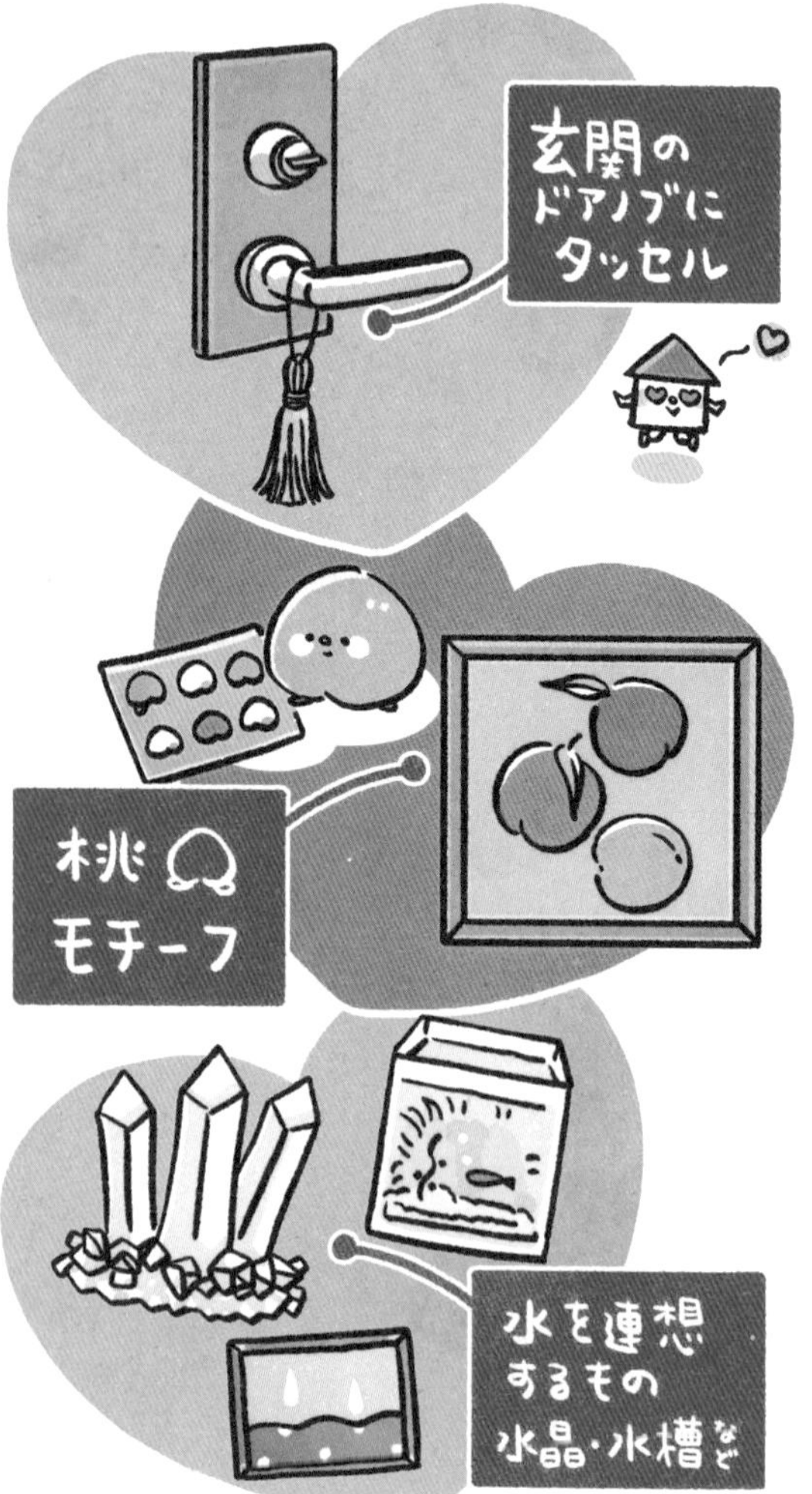

出会いのカギを握るのは「玄関と窓」です。物件探しでは「玄関が明るく広め」「窓があり開放感がある」かどうかをチェックしましょう。

玄関は、家の最初の気の入り口ですから、ここが整っていないとよい出会いも引き寄せられません。小まめに掃除をする、出入りを邪魔する障害物は置かないなど、常にキレイな状態を保つよう、心がけましょう。

玄関には鏡を置く方が多いと思いますが、鏡には「跳ね返す」パワーがあります。正面に鏡があると、出会いを跳ね返してしまうので、玄関の鏡は正面を避けて置きましょう。

さらに、出会い運を引き寄せるのにおすすめのアイテムはこちら！

- タッセル（房飾り）を玄関のドアノブ内側にかける
- 桃のモチーフが描かれた物（絵画やポストカードなど）を置く
- 水を連想させる物（水晶、水槽、絵画や写真など）を置く実践するのはどれかひとつでもＯＫです。お気に入りのアイテムを棚の上や壁に設置すれば気分も上がり、いい出会いが巡ってきます。ただし、玄関の靴を脱ぐ場所（たたき）に直接置くのはＮＧ！　運気低下につながるので要注意です。

続いて、恋愛運アップをつかさどる「南」の方位もぜひ整えましょう。物件選びでは、南に玄関、またはリビングなどの広い空間がある間取りが吉。「よい気は南からやってくる」と言われており、また、五行では南は「火」の象徴とされ、陽気が満ちる場所なのです。

南側にある部屋は、明るく、ゆったり優雅な気分になれるインテリアにするのがおすすめです。これでさらに陽気がアップ、恋愛運もアップするでしょう！

明るい色合いで恋愛パワーが上昇！

家具は脚が付いているタイプがおすすめです。床にペッタリと付いてしまう家具は、気の流れを妨げてしまうことがあります。その点、脚付きの家具は通気性がよく、運の巡りもよくなっていきます。

床は、フローリングと絨毯では、断然フローリングが吉! 恋愛運アップには明るい色合いがぴったりです。絨毯にする場合は、邪気が溜まらないよう毛足が短いものを選び、こまめに掃除をしてください。汚れを溜めていると運気が低下するので注意しましょう。

もちろん、フローリングでもお手入れは必須。邪気は床に溜まりやすいので、キレイに保つように心がけましょう。

また、物件選びの際にチェックしていただきたいのが建物の色。黒、こげ茶、グレーなどのダークトーンは恋愛運を妨げるおそれがあるので、避けたほうが安心。**白、アイボリー、ベージュといった明るい色の建物を選びましょう。**

恋愛運では、10階以下の低層階で2階、4階、6階…などの偶数で、地に近いほうがよい出会いを得られます。低層の偶数階を選ぶのが難しい場合は、部屋番号に偶数が入っているだけでもOKです。

4 人脈運アップのインテリア術
東と東南に暖色系&木製アイテムを

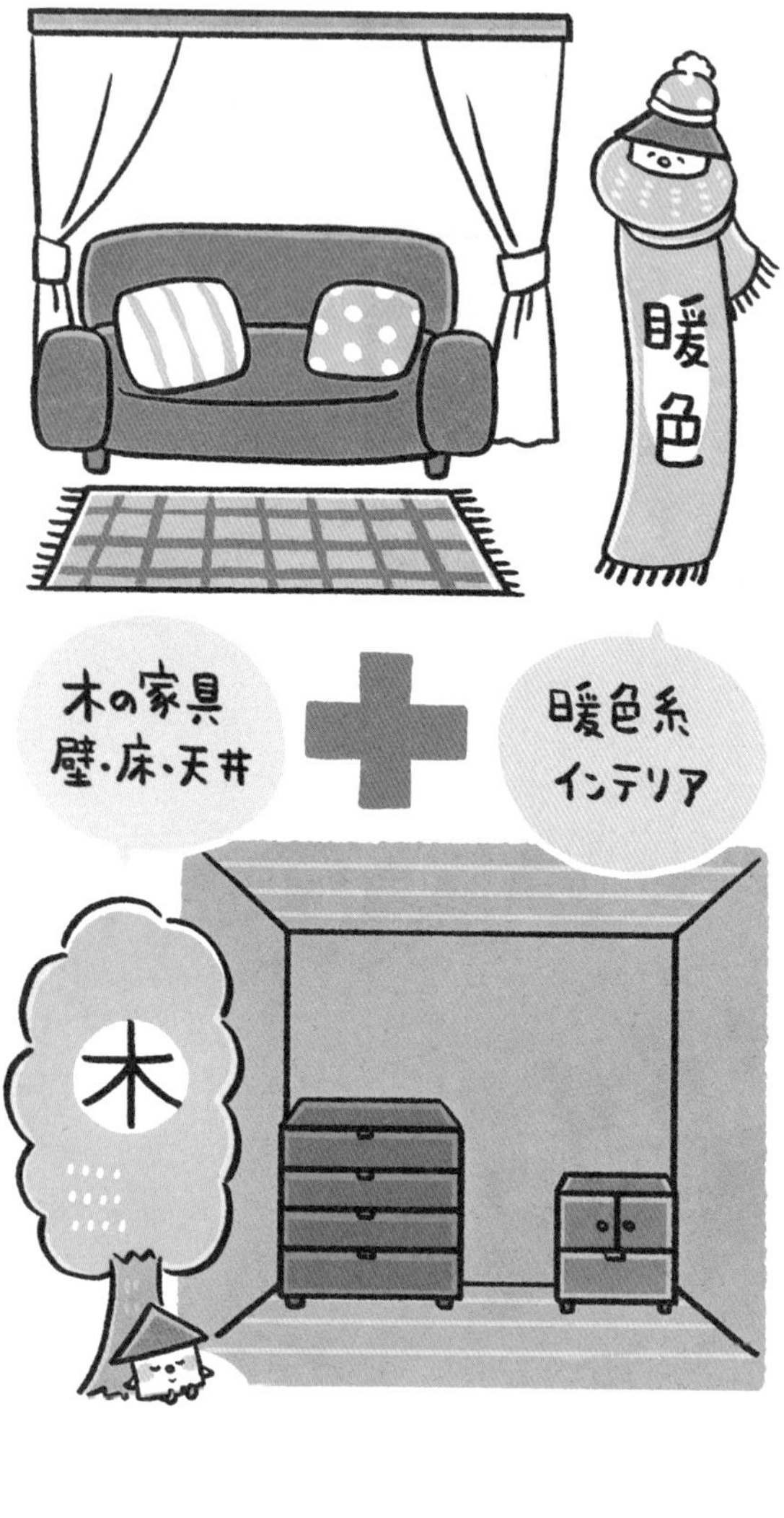

人脈や対人関係に関する方角は「東と東南」。この方角は仕事運と直結することもあり、吉とする方角は同じです。

この方角に玄関、リビング、仕事場のいずれかがあると、人脈運の活性につながっていきます。また、この方角の部屋を暖色系の家具やインテリアでコーディネートすると、さらに人脈運が活性化します！

ただし、よい運も悪い運も同時に入ってくる場合もあるので、「木」を取り入れて中和させましょう。床、壁、天井が木でできている部屋、木造の低層マンションやアパート、木製の家具もGOODです。

ここからは、物件選びの段階で要チェック事項です。

仕事・人脈・金運アップには、「奇数階」がおすすめです。実際の風水鑑定で、事業をしている方に奇数階に住むことをおすすめしたところ、トントン拍子に仕事がうまくいくようになり、大成功されたことがたくさんあります。

人脈を発展させて金運アップを願うなら、ぜひ、1階、3階、5階、7階、9

階…といった奇数階を選んでみてください。部屋番号に奇数が入っているだけでもOK。恋愛運とは異なり、人脈運アップは高層階でも悪い影響はありません。

また、奇数ではありませんが「8」もラッキーナンバー。中国では、漢字の八は末広がりで「将来の繁栄」を意味するとしたり、お金持ちになるという意味の「発財」（ファーザイ）と、数字の8（パァー）の発音をかけて縁起がよいとするなど、人気のある数字です。日本でも、8は古くから縁起がよい数字とされていますので、8がつく階数や部屋番号もチェックしてみましょう。

家の周辺の動線やお隣さんも要チェック

人脈運には、家はもちろん、周辺環境の動線も重要です。駅から自宅までの道のりがスムーズか、家は生活がしやすいシンプルな間取りであるかをチェックしましょう。交通の流れがよく、人の流れもよいのが理想的です。

近くの道が渋滞や交通トラブルが多かったり、道が複雑で不便なところは、よくない気が溜まりがち。さらに複雑な間取りの家を選んでしまったら……人が寄りつかず、孤独で寂しい家になってしまうので、くれぐれもご注意を。

最後に、お隣さんチェックも必須です。お隣さんも人脈のひとつ。家が隣り合うということは、お互いに影響を受け合うこと、与え合うことです。土地がつながっている以上、家同士の関係は避けることができませんから、事前に大家さんや不動産屋さんから上手に聞き出したり、近隣にお店があったら、それとなく様子をうかがってみてもいいでしょう。どうしてもお隣さんが嫌な方は、両隣がいない物件や距離が離れている物件に絞って選ぶのが得策です。

周辺環境も
大事！
事前にしっかり
チェックしよう

5

健康運アップのインテリア術

北の寝室&北枕でダブル開運！

健康運アップを目指すなら、「北・北東・北西」の方角に寝室を設けましょう。

日本では、亡くなった人の頭を北に向けて安置する習慣があることから、「北枕は縁起が悪い」と言われることがありますが、風水では「北は最も心身が休まる方角」とされており、科学的にも地球の磁力の流れに合わせて北枕で眠ると安眠できることは証明されています。実際に、北枕で寝てみると、快適に眠れることがよくわかるでしょう。

快適に眠れるようになると、必然的に健康になり、健康運自体が底上げされていきます。つまり、北寄りの方角にある部屋に寝室を設ければ吉！ さらに、枕を北に向けて寝るようにすると健康運アップ！ ダブル開運です。

インテリアをそろえる際は、気の乱れを起こしやすい角張った物や継ぎ目が多い物はできるだけ避け、円形や角が丸くなっているアイテムを選びましょう。健康で生命力にあふれているときは、角張っている物や、デザイン重視のアイテムが発するパワーにも負けませんが、心身が弱っているときにはダメージを受けてしまいます。

健康運に大きな影響のある寝室のインテリアは、とても重要。特に身体に触れるものは、人工的な素材ではなく、温かみのある天然素材を選ぶのがおすすめです。特に、シーツや枕カバー、パジャマなども含めた寝具は、シルク、麻（リネン）などの素材を取り入れるとよいでしょう。

ベッドやカーテン、壁の色はシックなダークトーンにして、安らぐ環境づくりを。ただし、真っ黒は陰気が強く、取り入れるのが難しい色なので、避けるのが無難です。

緑や木のパワーを取り入れて健康運アップ！

1章の最初に、家選びは「生・死・病」に関わるということをお伝えしました。つまり、家は日々の健康を支える土台です。

物件を選ぶときは、ぜひ、家の健康診断をしてください。壁や床など、メンテナンスで修繕できる部分はいいのですが、配管などの老朽化は大きな問題。目には見えませんが、配管は家の動線としてとても大切なのです。

身体にたとえれば、配管は「腸」。お通じが悪く、腸内環境が乱れていたら体調も思わしくないですよね。配管に不調を抱える家は、悪臭がしたり、水漏れがするなど、不健康な状態。暮らす人にも悪影響を及ぼします。

特に健康運が心配な方で家探しをしている方は、できるだけ築年数が浅い物件、または配管交換がされている物件をチェックしましょう。

家は自然万物の一部。自然に囲まれた環境は健康運アップにつながります。心身ともに安定して暮らすためには、地から離れすぎず、5階以下の低層階に住むのもポイントです。都会に住む方は、部屋に緑や木などの自然物を増やす対策を。最近ではマンションの屋上に菜園があったり、中庭を設けたり、共有スペースに植物を取り入れるなど、自然に寄り添う空間づくりをしている物件もあるので、ぜひ探してみてください。

COLUMN 4

「鬼門」は日本特有の思想。気にしすぎると運気が悪くなることも…

「鬼門」と聞くと、なんとなく怖い、不吉、触れてはいけない…そんなイメージがありますよね。

鬼門は中国の陰陽道に登場する言葉。北と西は「陰」、東と南は「陽」とされ、北東と南西は陰陽の境で不安定になるため、表鬼門、裏鬼門と呼ばれます。

しかし、陰陽道とは異なり、中国古来の風水には確固たる鬼門の思想はありません（諸説あります）。日本における陰陽道、神道、仏教、宮廷での鬼門思想など…さまざまな学問や文化が影響しあって生まれた、日本特有の思想なのです。

平安遷都の際には、京都の平穏を願って鬼門の方位にある比叡山《ひえいざん》に延暦寺《えんりゃくじ》を建てて祈りの場とし、江戸城では鬼門にあたる上野には東《とう》叡《えい》山《ざん》寛《かん》永《えい》寺《じ》を、裏鬼門には増《ぞう》上《じょう》寺《じ》が造られました。

また、日本には昔から、節分の日には鬼門とされる北東の方角に魔除けの柊《ひいらぎ》南《なん》天《てん》を飾るなど、「鬼」を恐れ封じ込めるまじないもあったことから、鬼門思想は現在でも根づいています。「そこをキレイにしておくと鬼が悪さをしない」といった感じで、民間にも広まったのかもしれません。

私も、なんとなく気になるときは鬼封じの対策を活用することがありますが、気にし過ぎるとかえって運気が悪くなることもあるので、参考程度にしておきましょう。

5章

本当にヤバい！
住んではいけない事故物件

最近話題の事故物件。
「安いから」「面白そう」と、
好んで選ぶ人もいるようですが、
なんとなく居心地の悪い
状態が続くなら、
それは住んではいけない
ヤバい物件かもしれません。
気になることがあるなら、
霊チェックを！
ヤバいと思ったら、引っ越しのご検討を！

私たちの家ですが何かご用？
売物件

1

風水・家相で見る〝事故物件〟はやっぱりヤバい物件だった！

相場よりかなり安い物件に出会ったら「もしかして、事故物件？」と思われることがあるでしょう。そして、多くの方は、「事故物件には住みたくない」と思いますよね。もちろん、**風水・家相と事故物件には、1章の26ページで解説したような「形殺」や、忌み地に建てられた物件など、因果関係がある場合が多いといえます。**

事故物件サイトを見ても、都市部や歓楽街は、事故物件を表す「炎マーク」が多めなのですが、同じ建物で立て続けに「炎マーク」が付く物件の風水・家相を見ると、やはり因果関係はないとも言い切れないことが珍しくありません。

近年話題の事故物件サイトといえば、『大島てる』（https://www.oshimaland.co.jp/）です。

私が事故物件サイトを見るようになったのは、２０１１年の東日本大震災後のことです。当時住んでいた家は駅の近くで、とても便利な立地にあったのですが、川の横で地盤が緩く、地震の揺れが想像以上にすごかったのを覚えています。そんなこともあり引っ越しを考え、参考にしていたところ、すぐ近くにちょうどいい物件を見つけました。

事故物件じゃないみたいだし、繁華街も近いし、生活に困らないだろうと選んだのですが、実はこの部屋の真向かいの家が事故物件で、住んだ人は皆、2年もせずに引っ越してしまうのだと…。

風水・家相をやっている私は、これはチャンスだ！と思い、「事故物件による悪影響は化殺で相殺し、開運できるか？」という実験をすることにしました。

この頃から、事故物件サイトを見ては「どうして事故物件になってしまったのか？」と考え、地理風水や陽宅・家相の視点で多角的に研究を始めました。

事故物件である向かいの部屋を意識しながら、さまざまな風水的な対策をしてみたところ、見事に成功！　自分自身に禍が起こることはなく、むしろよいことが続きました。

まず、この体験談の書籍化が決まり、さらに「風水×事故物件」をテーマに、『大島てる』の管理人・大島てるさんと念願のコラボレーションイベントも実現！その後もご縁があり、大島てるさん主催の『事故物件ナイト』というイベントにゲストとして呼んでいただくなど、運気が下がることはありませんでした（この体験談は134ページ～参照。その後の話もあります…）。

今では、事故物件のエンタメ性が強くなり、興味本位の人もいれば、安ければいいと割り切る人が多く現れ、需要が増えているようです。

ただし、長期的に住めるかといえば、風水・家相で何らかの対策を打っても限界があるのも事実。事故物件に限らず、第2章で紹介したようなヤバい物件も同様です。**長く住むことができない家は、ひたすら人の出入りが激しい状態が続くか、空き家の状態が続いてしまうかのどちらかです。**

もちろん、住まいに対する価値観は人それぞれ。住む人が事故物件であることを受け入れており、居心地が悪いとか、体調に影響が出てきたなどということがないのであれば、それほど気にしなくてもいいでしょう。

2
私の事故物件体験談。風水対策の効力は一時的だった…

私は、今まで2回、事故物件がある建物に住んだことがあります。

1軒目は都内某所のロフト付きの新築物件。当時は、事故物件サイトはなく、不動産屋さんから聞き出す以外、事故物件かどうかは判断できない状況でしたが、「新築物件だからまったく問題ないだろう」と、引っ越しました。

最初は違和感なく暮らしていましたが、夏になると何度も金縛りにあい、あきらかに自分の後ろに誰かが正座して座っている気配が…。それが何度も続くので、近所で古くからやっている駄菓子屋さんで聞いてみました。すると、今のアパートが建てられる以前の建物で自殺があったとのこと…。

新築だからと安心していましたが、その土地には、まだ浮かばれていない霊魂が染みついていたのでしょう。私は1年も経たないうちに留学が決まり、その部屋を引き払いました。その夏以降、金縛りにあうこともなく、人の気配を感じることもなくなったので、おそらく夏ごろに亡くなられた方だったのか、お盆時期の影響だったのか…と、想像するばかりです。

2軒目は、不思議な形のデザイナーズマンションに住んだときの話です。事故物件サイトでも問題がないことを確認し、大丈夫だろうと思っていましたが、ある日、隣の家の人からこう言われたのです。

「この部屋、2年もしないうちに皆出ていっちゃうの。真向かいのあのお宅、ご家族のひとりが自殺しちゃって、今も空き家なのよ」。

ネットで調べていくと、真向かいのマンションが売りに出された際の不動産業者のページを発見。そこには、瑕疵《かし》物件（訳あり物件）と書かれていたのです。

正直、その話を聞いた時はショックでした。でも、風水・家相の研究をしていた私は一念発起！　風水の知識を用いて事故物件の対策を実験してみることにしました。

自分なりに風水・家相対策をしてみると、悪いことが起こるどころか仕事が順調に決まり、ノリノリの状態に。

しかし、1年が過ぎた春、お風呂場から異臭が漂ってきました。排水口はキレイだし、なぜだろう？　と思っていた数日後、真上の階の人が、心筋梗塞を起こしてお風呂場で亡くなられていたことを知りました。「あの臭いって…」と、すぐに引っ越しを決意したのです…。

もちろん、自殺や他殺ではないので事故物件と判断することはできませんが、真向かいの家で自殺、真上の階で病死とは…とてもよい状況とはいえません。今思えば、あのマンションは**造りがとても不思議で、家相の観点から見ると不具合が起きやすく、風や気の通りも滞りがちだったのです。**

結果的に私自身には影響はなく、むしろ運気はよかったのですが、さすがに真向かい、真上と事故物件に挟まれるのは気持ちがいいものではありません。**住まいはどんな環境であっても、最終的にはやはり「心地よさ」で判断することも大切**だなと経験しました。

3 こんな家は、神様ではなく霊が住み着いているかも！

その1 2年以上、人が居つかない

これは私の経験からも、また鑑定をさせていただいた方々の統計的な結果からも言えることですが、**「2年以内に引っ越していく部屋」や、「2年以上、空き家、空室が続く物件」は「忌み物件」と判断してよいでしょう。**

人が寄り付かない、居つかないということは、日差しが入らず陰気であったり、風通しが悪くジメジメしていたり、なぜか居心地が悪かったり、動線が悪くて不便であったり、長く生活することができない理由があるはずです。

物件探しの際には、以前の住人はどれぐらい住まれていたのか、どういう理由で出て行ったのかなども、不動産屋さんに確認してみましょう。

立地の悪さや近隣の工場や道路、線路の騒音など、環境面の問題が理由で長く住まれない家もあるので、あくまでも「条件が悪くないはずなのに長く居つかない部屋」というのがポイント。よくわからないことが多くて気になる場合は、避けておくのが無難です。

その2　日当たりが悪く、ジメジメしている

霊は「水場」を好むと言われています。つまり、**霊が好むのは、暗くて風通しが悪く、湿気がちな家です。**

床や壁がじっとりと湿っていたり、部屋を満たす空気がひんやりと冷たく、ジメっとしていたり、廃墟のような独特のカビ臭さがあることも…。

このような状況は、間取り図を見ただけではわかりません。最近は新型コロナウイルス感染症の影響で、「オンライン内見」ができるようになってきていますが、実際に内見することはとても大切！　たとえ賃貸でも内見は必須です。

部屋の臭い、日当たり、湿度、空気感など、実際にその場で感じることこそが、大事なチェックポイントなのです。

なんかおかしいな、気になるな、と思ったらやめておきましょう。霊がいてもいなくても、陰気な部屋は住み心地がよいとは言えませんから…。

その3 内見する前後で何か起きる

家との相性もありますが、**内見が決まった前後で何か不運なことが起こった場合は、その家がどんなに好みであっても避けたほうがよいでしょう。**

悪夢を見た、トラブルに巻き込まれて内見に遅れた、急な用事で内見に行けなくなった、内見の翌日から体調が悪くなった、など…。これらはあなたを守護している方が、その家にまつわる何かを知らせようとしている「虫の知らせ」かもしれません。

奇妙なことを
感じたら
「やめとけ〜」の
サインかも！

その4 異臭がする

ハウスクリーニングを済ませているにもかかわらず、**異臭がする部屋は要注意！ 避けたほうがよいでしょう。**

こうした異臭は、実際に何か臭いものがある場合だけではなく、人間の第六感的な嗅覚も意味しています。**臭いの元がないのに臭いという場合は、成仏できない霊がいるかもしれません。**

内見時は、必ず不動産業者も同行しますが、自分だけが臭いに気づいている…ということも多々あります。

部屋から発せられているあらゆるサインを逃さないよう、自分の感覚を研ぎ澄ませて内見に臨みましょう。臭いの元は霊が好きな水場から出ていることが多いので、キッチン、お風呂、トイレ、洗面所、ベランダなど、すべての排水口の臭いをチェックしましょう。

その5 小さな気配や物音を感じる

霊がいる物件は、気配や物音が感じられることがあります。しかし、内見は、アパートやマンションで約10分、一軒家でも30分ほどで終わります。質問をすることも多いので、小さな気配や物音を察知するのは至難の業です。**できるだけ、色々なことを感じ取るには、内見の時間帯も重要。霊チェックには、異界とつながりやすい15時〜夕方にかけての時間がおすすめです。**耳や額を隠さずに出して内見すると、感度が高まるので、ぜひ実践を！

4 自分の家に霊がいるかチェックする方法

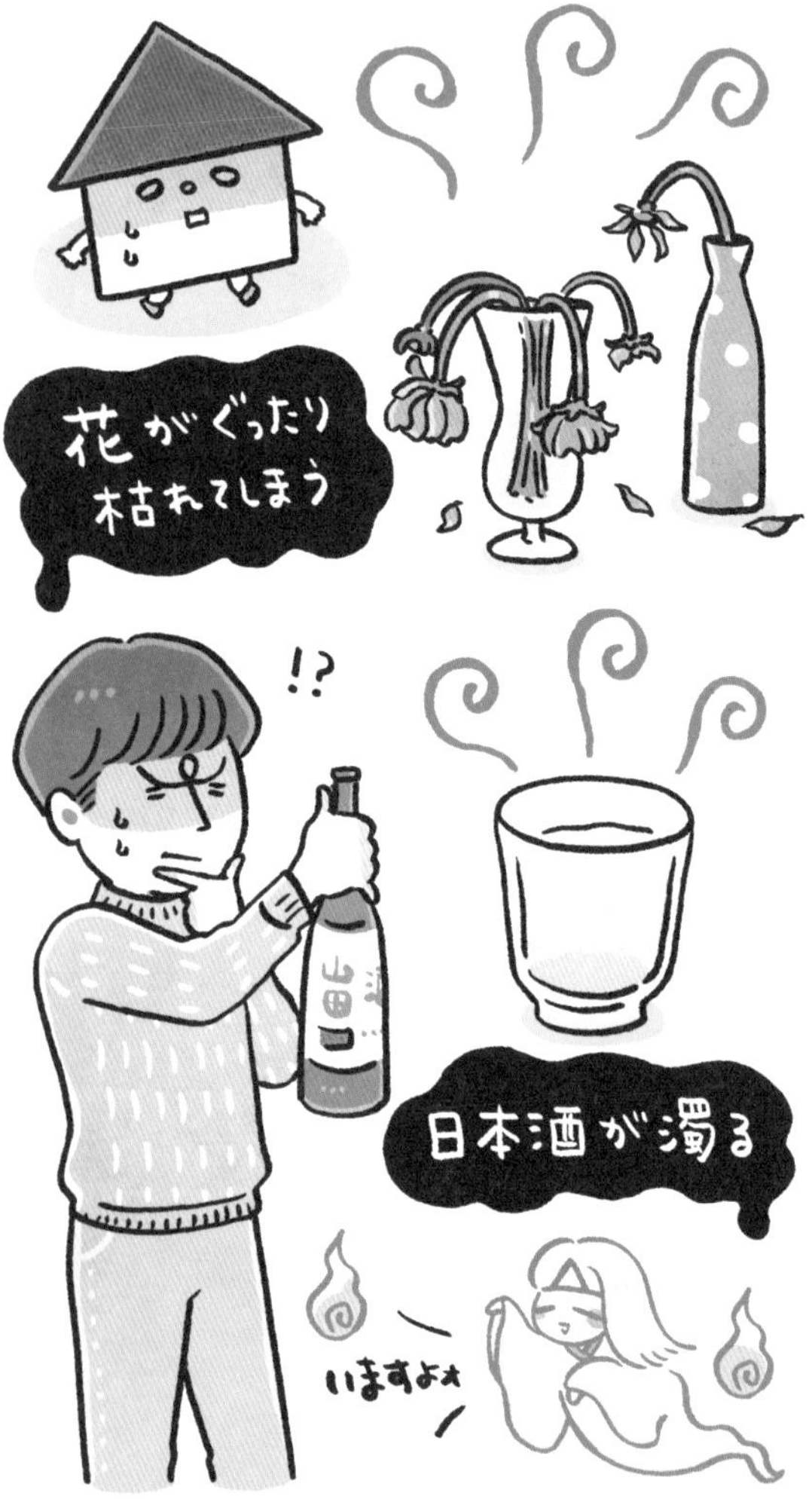
花がぐったり
枯れてしまう
!?
日本酒が濁る
いますよォ

その1　玄関、気になる場所に日本酒を置いてみる

古くから日本酒は、神様に供えるものとされ、御神酒《おみき》には神様の気が宿っており、封を開けて置くと、その場所を浄化してくれると言われています。お清めに日本酒を使ったり、お祝い事で日本酒をいただくのは、こうした理由からです。

霊の存在を知るためにも日本酒が活躍します。まず、中身が見えるガラスのコップに、七分目ぐらいまで日本酒をそそぎ、気になるところに置いてみましょう。最もわかりやすいのは玄関ですが、なんとなく気になっているところに置いてみたり、複数の場所に置いてみてもいいでしょう。日本酒の種類やメーカーは問いませんが、色合いと量、味を覚えておいてください。

そのまま一日置き、日本酒の変化をチェックします。**黄色っぽく変色していたり、濁っていたり、また、量が不自然に減っていたり、味が違っているなどの変化が見られた場合は、霊が住み着いている可能性があります。**

その2　お花を置いてみる

日当たりなどの影響とは関係なく、気になる場所にお花を置いてみましょう。長持ちさせるような栄養剤は入れず、菊やシキミなど、仏壇にお供えするものは避けてください。一日置いて、それぞれのお花の状態を確認しましょう。**元気がなく、ぐったりしていたり、枯れてしまったり、花びらが落ちている花があれば、そこは陰気が溜まりやすい場所。**汚くしていると、霊が居ついてしまうかもしれません。

その3　音を鳴らしてみる

悪い物は音を嫌がるということを利用し、音の出方によってその場所の気のよい悪いを判定する方法もあります。

まずは部屋の中心に立ち、拍手、鈴、どちらかで音を鳴らしその音を覚えておきましょう。その後、気になる場所で鳴らしてみます。一部屋ごとに中心、気になる場所で音を鳴らし、音色を聞き比べてください。

キレイな音が鳴れば、よい気がある場所。鈍い音や変な音がしたり、音がうまく鳴らないなら、そこは陰気が溜まりやすい場所。霊が居つきやすい場所かもしれません。

その4 盛塩を置いてみる

白い小皿に三角錐《さんかくすい》の盛り塩をし、玄関、気になる部屋や場所に置いてください。数日間置き、塩が固まっていたら問題ありませんが、**水気を含んで崩れていたり、塩が溶けて黄色い水が出ている、誰かが触ったような跡がある場合は、霊の仕業かもしれません。**ちなみに、家の四隅に盛り塩を置くというお清め法がありますが、これは結界を張って外からの邪気を祓うもの。家の中に霊がいる場合は、霊を家に閉じ込めてしまうことになるので気をつけましょう。

5 霊がいるかも…と思ったら状況に合わせて霊障対策を！

アー
堪忍してー
レー
プロッ
NO！
清
パワーストーンや、清めの塩などで霊障対策を！
バイバーイ…

不運が続くときは、すぐに転居の準備を！

新居に入ってから自分らしくない状態が続く、嫌なことが立て続けに起きる、イライラしたり落ち込んだり、情緒不安定が続くというのは「霊障《れいしょう》」、つまり、霊の仕業である可能性が高いでしょう。

この状態が長く続くと、心身に大きな悪影響が及ぶので、できるだけ早く引っ越しをしてください。家を散らかした状態にしたり、引きこもって一人で悩んだり、暗い気持ちで我慢するのはよくありません。陰気やネガティブな気持ちは、霊をますます引き寄せてしまいます。

とはいえ、すぐに引っ越せない場合もあるでしょう。そんなときは、家にいる時間をできるだけ減らすのが得策。本来、家は心身を休める場所なのですが、霊障がある場合は家でくつろぐのは逆効果です。

引っ越しの日まで在宅勤務の場合は、家以外の場所で仕事をし、可能な範囲で友達と過ごすなどして、家以外の場所で気を紛らわすとよいでしょう。

首、肩、背中、腰を温めて、幽霊をシャットアウト！

霊は、耳の後ろや背中側の首と肩がT字に交わる場所、左右の肩甲骨の中央部あたりにある幽門《ゆうもん》と呼ばれる場所を出入り口にして、身体に入ってきます。憑依《ひょうい》体質、霊媒体質の方は、霊がいる場所で「背中がゾクゾクする」「肩が重い」と感じるようなので、ピンとくると思います。

まずは、霊が入ってこないように身体を整えましょう。

首から肩、背中、腰の後ろ部分を冷やさないのが基本。首や肩を回して血行をよくすることが第一です。お風呂で湯船に浸かって行うのがおすすめです。それでも肩や背中の冷えが気になるときは、貼るカイロなどで温めるのもいいでしょう。

なんとなく気になったり、違和感を感じるところがあるようなら、粗塩を手に取って擦り込むと清まります。

うつ状態になったら、日当たりのよい家に引っ越しを

霊がいる家に住んでしまった場合、最も出やすいのが「うつ状態」です。現代社会では、うつ状態は珍しくなく、本人も気づかないうちに陥っていたというケースが多いのですが、ストレスやメンタルの影響であると決めつけず、霊がうつ状態の原因になることもあると、覚えておいてください。

霊にも色々なタイプがありますが、**なかでも怖いのが、生きている人の怨念による生き霊です。**

人間は、ささいなことで恨みや呪いを受けてしまいます。今の世の中、ストレスや忙しさで心がやさぐれてしまいがち…。人の気持ちを考えない言動をしていないか、自慢話ばかりをしたり意地悪なことを言っていないか…。**改めて自分自身を見つめ直し謙虚になることも大事です。**

いずれにしても、霊がいる家で長く過ごすことはできません。一日も早く日当たりのよい家に引っ越しをしましょう。

浄化用の清め塩を持ち歩き、神社仏閣に行くのを控える

繊細な方や霊媒体質の方は、霊を引き寄せやすいので、**普段から浄化や邪気よけのパワーストーンのブレスレットを身に付けたり、清め用の粗塩などを持ち歩いて、気になったら塩を少し舐めるなどの習慣を身につけておいたほうがいいかもしれません。**内見のときも、そこにいる霊に憑かれないように対策しておきましょう。

また、神社仏閣によく行く方は用心してください。神社仏閣は、神聖な場所であると同時に、さまざまなお願い事、霊、人の強い想念や欲求が渦巻いている場所でもあります。

だからこそ、お祓いやお清めなどの作法があるのですが、なかには対処しきれていないことも…。敏感な方はこういったところで霊や怨念をもらってしまうこともあるのです。気になる方は、神社仏閣が近いところにある物件を選ばないように心がけたり、やみくもに巡らないほうがよいでしょう。

ヤバいかも…と思ったら、専門家に相談を

不調が続き、霊がいると感じていても、引っ越したくないという方は、お祓いや祈祷《きとう》、浄霊の専門家に相談してください。土地や家は、作り直したりお祓いや浄霊で対処できるケースもありますが、霊道《れいどう》という霊の通り道にあたった場合、どうしても解決できないこともあります。

住まいの周辺や家の対角線の先に、寺やお墓があったり、季節を問わず寒いと感じる場所は、霊道の可能性があります。

何度も言いますが、家選びは生・死・病に関わります。家や土地のことは軽く考えず、慎重に対処しましょう。

COLUMN 5

周囲とのつながりを重視する ゆうはん流! 新時代の風水曼荼羅

目まぐるしく変わる時代の流れを踏まえて、私が考えたのが、自分自身を環境と見立てて整えることを重要視した「新時代の風水曼荼羅《まんだら》システム」です。

自分を軸として、外神《そとがみ》と内神《うちがみ》を合わせた8つのつながりを選ぶことで運命をひらき、その8つの影響によって自分が形成されるといった相互関係があります。

内神の1つである「対人」にあたる「魂・先祖・親」は、抗えない運命の一部。自分を創り出した根源です（詳しくは『お金の引き寄せ方は魂だけが知っている』日本文芸社）。

抗えない運命の影響を受けながら、住まいをはじめとする環境を変えることで、自分自身が形成されていくのです。住まいを選び、住まいをつくることは、生きること！　自分自身をつくること！　そう考えれば、これからの人生における住まいのイメージも膨らむのではないでしょうか。

【外神】

❶衣＝生きるために身に着けるもの

❷食＝生きるために食べること

❸住＝生きるために住むところ

❹対人＝人間関係

【内神】

❶心＝感情

❷動＝行動

❸術＝仕事や才能

❹対人＝魂や先祖や親

おわりに

私たちは今、新しい時代へ大変革の最中。どう生きていくかを強く問われている気がしています。

価値観が多様化するなかで、何が正解で何が間違っているかをジャッジするのではなく、バランス、つまり「中庸」が大切な時代になっていくのではないでしょうか。

風水という学問の根源にある思想も「陰陽中道」。すべての物事は中庸というバランスで成り立っていることに辿り着きます。こうした思想を生み出した、古代中国の洪水神話に登場する女媧《ジョカ》と伏羲《フッキ》、さらに研究を続けた思想家たちのことを思うと、スゴイ！と感心するばかり。テクノロジーがない時代に読み解いた宇宙や自然の法則が、数千年も経った今の我々の生活スタイルにも通じているのですから！

時代はめまぐるしく変化しています。色々な物事が簡素化され、コンパクトになり、形すらなくなるものもでてきました。信仰や宗教という〝信じる形〟をもテクノロジー化されていくかもしれません。

住まいに対する考え方も多様化していきますが、それでも変わらず私たちが求めるのは、心地よさ。時代の流れとともにあらゆるものを削ぎ落とした結果、欠けてしまった「ぬくもり」を、心地よいと感じるのではないでしょうか。

風水が導く心地よい環境は今も昔も変わりません。あなたの人生を豊かに彩り、支える住まいづくりに、ぜひ役立たせてください。

愛新覚羅ゆうはん

Profile

愛新覚羅《あいしんかくら》ゆうはん

開運ライフスタイルアドバイザー（占い・風水）、
作家、デザイナー

中国黒龍江省ハルビン生まれ。映画「ラスト・エンペラー」で知られる清朝の皇帝・愛新覚羅一族の流れをくむ。5歳のときに来日し、桑沢デザイン研究所を卒業後、北京大学に留学。帰国後は、アパレル企業の広報宣伝などを経て、幼少期から備わっていた透視能力に加えタロットや占星術なども生かし占い・風水師としても活動。当初鑑定していた医療・教育関係者の間で話題となり、15年で延べ2万人以上を鑑定（2019年時点）。文章を書くのが好きで執筆活動にも勤しみ、デザイナーとしてのプロデュース開運アパレルブランド『Ryujyu ～龍樹～』や、2021年より陶器上絵付け作家として『水鏡 ～ MIKAKAMI ～』も手がけるなど、多岐にわたって活動をしている。

著書に『驚くほどお金を引き寄せる！龍神風水』、『神様とやるすごい運トレ』、『お金の引き寄せ方は魂だけが知っている』（すべて日本文芸社）、『腸開運』（飛鳥新社）、『いちばんやさしい風水入門』（ナツメ社）などがある。

愛新覚羅ゆうはんの公式サイト・プロデュース&デザイン

日本の伝統工芸とのコラボ・アート商品

なかなかピンとくる開運アイテムが見つからないという皆様へ!
愛新覚羅ゆうはんプロデュース&デザインの、開運グッズを紹介します。
「メイド・イン・ジャパン」にこだわって日本の職人の伝統や技術に
スポットライトをあてたアート商品を展開しております。

【金龍の雫 宝珠】

あなた自身の龍脈・龍穴を整え、ドラゴンゲートをひらき、お気に入りの神社仏閣やパワースポットに連れて行くことでパワーチャージができるオリジナルのアートアイテムとなります。日本のガラス職人が一体、一体仕上げるため、大きさや金箔や気泡の出方が多少変わり、世界であなただけの宝珠をつくりだします。こちらの宝珠はシリーズ展開で発売中!

【井波彫刻 ～波龍神棚～ 神は細部に宿る】

職人が、のみ一丁から御神体を彫りだす伝統工芸「井波彫刻」。その伝統工芸士・木彫師と共同デザイン企画をした、壁かけタイプの神棚です。のみで木と感応しながら、かたどっていく様が神棚ひとつひとつに、まるで「神の痕跡」のように残っています。機械では絶対に出せない味わいは、まさに芸術作品。一体、一体が世界でたったひとつのアートなのです。

公式コンテンツ

愛新覚羅ゆうはんの公式サイト　http://aishinkakura-yuhan.com/
愛新覚羅ゆうはんのマジカルオンラインショップ　http://yuhan.shop-pro.jp/
愛新覚羅ゆうはんの開運アパレル「Ryujyu ～龍樹～」　http://www.ryujyu.net/

※品切れ等により、販売を終了させていただく場合がございます。商品に関するお問い合わせは、公式サイトの[お問い合わせ]へ。

デザイン◆佐久間勉・佐久間麻理（3Bears）
イラスト◆フクイサチヨ
編集協力◆藤岡操
校正◆玄冬書林

人生《じんせい》が変《か》わる！ 住《す》んでイイ家《いえ》ヤバい家《いえ》

2021年5月1日 第1刷発行

著　者　愛新覚羅《あいしんかくら》ゆうはん
監修者　大島《おおしま》てる
発行者　吉田芳史
印刷所　株式会社光邦
製本所　株式会社光邦
発行所　株式会社日本文芸社
〒135-0001　東京都江東区毛利2-10-18 OCMビル
TEL 03-5638-1660（代表）

Printed in Japan　112210419-112210419 Ⓝ01　(310065)
ISBN978-4-537-21887-9

編集担当：河合